契嵩集

①

桂學文庫·廣西歷代文獻集成

潘琦　主编

广西师范大学出版社
GUANGXI NORMAL UNIVERSITY PRESS
·桂林·

圖書在版編目（CIP）數據

契嵩集 / 潘琦主編．—桂林：廣西師範大學出版社，2012.5
（桂學文庫. 廣西歷代文獻集成）
ISBN 978-7-5495-1757-2

Ⅰ．契⋯ Ⅱ．潘⋯ Ⅲ．契嵩（1007～1072）—文集 Ⅳ．B94-53

中國版本圖書館 CIP 數據核字（2012）第 097800 號

廣西師範大學出版社出版發行
（廣西桂林市中華路 22 號　郵政編碼：541001
網址：http://www.bbtpress.com）
出版人：何林夏
全國新華書店經銷
廣西民族印刷有限公司印刷
(廣西南寧市高新區高新三路 1 號　郵政編碼：530007)
開本：787 mm ×1 092 mm　1/16
印張：113.75　　字數：1820 千字
2012 年 5 月第 1 版　　2012 年 5 月第 1 次印刷
定價：2000.00 元（全 4 册）

《桂學文庫·廣西歷代文獻集成》編輯委員會

總序

潘琦

21世紀以來，隨著各地社會經濟的快速發展，與之相呼應的地域文化研究蔚然興起，呈現出多種地域文化研究競相迸發、研究成果累累、各種學理學說迭出的生動局面，有力地推動與彰顯著社會主義文化的大繁榮、大發展。廣西桂學研究，即誕生在這一時代大背景下。桂學是廣西最為重要的文化地標之一，它以廣西社會、歷史、文化、思想、藝術、科技、工藝等為研究對象，是具有鮮明廣西地方特色和民族特色的理念和學說的總和。桂學作為『學』，是一種能正確地、合理地呈現廣西客觀社會歷史文化與現實文化的系統知識的學問、學理和學說。

桂學研究無論是在時空上，還是在範圍及內容上，都是一個龐大的、系統的、廣泛的工程。其中，對廣西歷史文化的研究，是桂學研究的首要任務和重要內容。而對歷代形成並留存至今的關涉廣西的文獻遺存進行系統的整理、研究、保護、出版，又是進行歷史文化研究的首要內容，是保證桂學研究能够持續深入推進的學術基礎。為了全面、系統地整理相關文獻資料，廣西桂學研究會成立後，特在內部設置了古籍整理出版委員會，職司廣西歷代文獻的整理出版與保護工作。《桂學文庫·廣西歷代文獻集成》叢書的策劃與啟動，便是這項工作的重要成果之一。

桂學研究會由何林夏、蔣欽揮兩位副會長牽頭，組織專家學者開展了卓有成效的工作，在廣西壯族自治區圖書館、廣西壯族自治區桂林圖書館及廣西師範大學圖書館、廣西師范大學出版社以及有關單位的大力支持與積極協作下，意在蒐集現存的所有廣西古籍的《桂學文庫·廣西歷代文獻集成》將陸續出版，為桂學研究提供源源不斷的堅實史料支持。桂學研究會將在一個較長的時間內，集中力量，籌措資金，全面、系統、整體、有序地推進整理出版工作的持續進行，希望藉助於這種長期務實的工作，為桂學研究向更深、更廣的方向發展，提供翔實、系統、完整、可靠的史料，推進桂學研究各項事業的持續繁榮。

以整理、研究、保護傳統文化為出發點的古籍出版，在一定程度上起著繼承、弘揚地域歷史文化的作用。古籍作為歷史文化的重要載體，其本身即是珍貴的歷史文化遺産，它不僅記載著歷史發展的生動進程，同時也集自然之美與人文之美於一體，書於竹帛的歷史記載、華美辭章是我們瞭解歷史、解讀歷史、研究歷史、承繼民族優秀文化的主要途徑、可靠依據、重要史料。《桂學文庫》的整理出版，更因廣西本身鮮明的地域性、民族性特徵，而具有顯著的多重價值。

一、研究性價值。桂學研究以研究廣西歷史文化為切入點，即首先需要研究廣西文化的産生、源流、特色，探討廣西歷史文化與其他地域或國域歷史文化之間的關係。為此，需要通過廣視角、多層面、全方位的探討，以究明廣西歷史文化發展的脈絡，做到知根知柢。先秦時期，廣西為百越之地，秦統一嶺南後，廣西開始行政建置納入統一國家的版圖，並出現於此後各種史料的文字記載中，經歷代的文化積澱，已經形成了大量的文史文獻資料與考古資料。這些遺存流傳至今，都是廣西地域文化的珍貴財富，更是建立和支撐桂學研究的寶貴財富。我們通過對這些資料進行系統、全面的整理出版，並在此基礎上開展全面的研究與考察工作，將有利於加深對廣西文化的源流、性質、内涵、特徵、地位及影響等的理解，得出符合歷史實際和歷史文化發展規律的結論。同時也能為社會學、民族學、歷史學等領域的研究提供豐富的研究素材，為文化研究的多學科共同繁榮作出積極的貢獻。

二、教育性價值。古籍兼具知識性與情感性學習兩種功能。中華文化歷經千年，其所積澱留存下來的古籍，包羅萬象、博大精深，通過對存世古籍的閱讀，有助於我們加深對古代文化的理解與體驗，掌握古代人文知識、古文知識、古人寫作技巧，領略古文之精彩，增進對地方發展史的瞭解與認識。與此同時，通過對古籍中所記録的重要歷史人物的人生經歷、治學經驗、高尚思想品德和自强不息的成長道路的認知，對於今天提高我們自身的精神境界和文明修養，都會是一種有益的啟迪與教育。

三、開發性價值。古籍作为歷經千年的文化積累，有著豐富、深厚的文化内涵，蘊含著先人的智慧，同時保持著原創性、傳承性、地域性、多樣性的特點。通過對古籍所記載歷史文化等内容的研究，今人可以擷取其精華，作為現代文化藝術創作的藝術源泉與靈感來源、拓展文藝創作題材、開發文化資源、創新文化産業，使先民的文化生命通過古籍的傳遞，重新生發出新的藝術活力與價值。

當然，任何事物都因産生於具體的歷史空間而不可避免地被自身的歷史性所局限，産生於歷史中並留存至今的古籍也是如此。面對種類繁多的古舊典籍，需要我們用批判、借鑒的眼光去加以審視，要本著去粗取精、去偽存真、古為今用的原則，充分發掘其所具有的優秀文化價值。今天，我們重要的任務之一，即是從精神上、思想上接應優良傳統，並通過繼承優良傳統而獲取更多的精神與思想資源。歷史不能複製，它只屬於它具體存在的那個空間和那段時間，但歷史又永遠不會消失，只要人類生命還在繼續，歷史就必然活躍在人們的精神生活裏，並影響著人类文明的繼續向前發展。

我們希望以《桂學文庫·廣西歷代文獻集成》相關整理成果的持續不斷出版，向世人展示廣西優秀的歷史文化資源與人文傳統，能為方興未艾的桂學研究提供充足的資料支持，為桂學研究的向更深更廣推進有所貢獻。希望桂學研究能在繼承吸收廣西優秀的歷史文化遺產的基礎上繼往開來、勇於創新，服務於今天廣西文化的大發展、大繁榮的歷史需要。

出版説明

廣西桂學研究會自2010年成立以來，即將整理出版廣西歷代留存至今的各類文獻列為學會的重要工作内容之一，並成立了專門的出版委員會職司其責，其動議之一，便是協調所有從事及志於研究、整理、保護的單位、個人、專家、學者，共同促成《桂學文庫·廣西歷代文獻集成》的整理出版。

本套叢書的宗旨，是想通過整理出版歷代形成現仍存世的桂人文獻及關涉廣西的文獻遺存，為從事桂學研究的學者提供推進研究所需的翔實、可靠、系統、全面的資料，為桂學能在學者們持續不斷的長期研究中向深廣發展打下堅實的文獻基礎。

面對歷代留存至今種類繁多、卷帙浩繁的廣西文獻，本書在編排上以著者為主綫，通過查考相關資料著録及文獻存藏信息，努力將同一著者存世的全部著作蒐羅淨盡，匯為一書。

在出版形式上，本書採用整理一種、出版一種的方式，以及時向學者提供各类文獻，並希望憑借這種方式聚沙成塔、集腋成裘，最終將關涉廣西的文獻遺存全部展現於桂學研究者面前。為保持相關文獻的真實性，避免因整理不當而對原文獻造成的誤讀與誤解，本套叢書對納入整理範圍的文獻，採用全文影印的方式出版，旨在為學者的研究提供最本真、最可信的資料形態。與影印存真相應，我們也組織相關領域的專家學者，為所整理的著作，按照統一的格式撰寫了解題，冠於各書首冊。解題的主旨：一則簡述著者生平等信息，使用者可據此對撰著者有一直觀的瞭解；二則簡介歷代目録著録情況並著作的主要內容，以明文獻傳承源流與撰著主要價值所在。

我們希望本套叢書的出版，能為桂學研究的發展繁榮提供充足的文獻支持，為桂學研究向深廣推進貢獻一份心力。桂學研究，首先是對廣西傳統文化與歷史的繼承與吸收，其更重要的意義，則在於在繼承基礎上的開拓創新，推進今天廣西文化的繼續發展，如果本叢書的整理出版能够起到其應有的作用，我們將深感與有榮焉。

解題

《契嵩集》，收契嵩作品四種：《鐔津文集》十九卷卷首一卷，光緒二十八年（1902）揚州經院刻本；《傳法正宗記》九卷，《傳法正宗定祖圖》一卷，《傳法正宗論》二卷，磧砂版大藏經本。宋藤州鐔津契嵩撰。分編為四册。

契嵩（1007－1072），俗姓李，字仲靈，自號潛子，宋廣南西路藤州鐔津（今廣西藤縣）人，生於宋真宗景德四年（1007），七歲時從父命入藤津縣東的廣法寺出家，十三歲剃度落髮，十四歲受具足戒，法號『契嵩』。十九歲時，契嵩離開故鄉，沿河北上桂林，入湘水、下長江，遠涉衡廬，遊方天下，訪求明師。

遊方期間，契嵩頭上常戴觀音像，日頌觀音法號十萬遍，窮通經傳，博覽雜書。後於江西筠州（今江西高安）洞安寺得法，依止青原行思十傳弟子、雲門宗三世禪師曉聰，傳雲門宗法嗣。

宋仁宗慶曆年間(1041－1048),契嵩北上至吴(治蘇州,今江浙一帶),樂錢塘(今杭州)山水之秀麗,駐錫靈隱永安寺,研讀儒釋等各家典籍,從事著述,並與當地的文人士子多有往來。

北宋初年,文人士子學為古文,多宗韓愈,尊孔子而排佛,契嵩乃廣徵博引釋、儒、道諸家經論及史書著述,論述釋家之『五戒』、『十善』等教義,與儒家之『五常』名教等雖迹異而體同,皆原出於『聖人之心』、人之先天心性,同屬『聖人之道』,皆能引導天下民衆為善去惡,使天下得到治理,勸儒者不要看到釋家與儒家教説的不同之處,便加以排斥,而應當對釋家學説加以理解和支持。契嵩作《原教》、《孝論》十餘篇(後編為《輔教篇》),明儒釋之道一貫,以與當時闢佛者抗;又作《非韓》三十篇,力詆韓愈;又作《論原》四十篇,反覆强辯,務欲援儒以入墨。著述之餘,契嵩與當時名士交遊、清談,由是排者浸止而後有好之甚者。

宋皇祐年間(1049－1054),契嵩一度南遊南嶽,回來後針對天臺諸宗對禪宗世系的批評,參考校核諸家著作，撰成《傳法正宗定祖圖》、《傳法正宗記》。契嵩以佛後摩訶迦葉獨得大眼法藏為禪宗初祖，推而下之，直至達摩為禪宗第二十八祖，皆密相付囑，不立文字，謂之教外別傳，以此宣揚禪宗的正統地位。時有觀察李謹得其書，上之宋仁宗，仁宗閱後賜契嵩紫方袍，並賜號『明教大師』。後契嵩攜《傳法正宗記》、《傳法正宗定祖圖》等書至京師，通過開封府知府龍圖閣直學士王素（字仲儀）將其書獻於宋仁宗，仁宗觀後詔付傳法院編於藏經，刊行流通。此後契嵩在京師多與朝中大臣、名士韓琦、歐陽修等人交遊，旋歸錢塘。

契嵩《傳法正宗定祖圖》、《傳法正宗記》等書為禪宗定祖，宣揚禪宗的正統地位，在當時的佛教界引起頗大的爭議。天臺宗、淨土宗等宗派僧人，紛紛製造輿論，攻擊契嵩的學説，契嵩遂著書還擊，其弟子將其著述編輯為《嘉祐集》、《治平集》。著述之外，契嵩還整理了中土禪宗六祖慧能撰《壇經》。

宋仁宗至和三年（1056），契嵩在搜集中土禪宗六祖慧能撰《六祖法寶壇經》的基礎上，參校曹溪古本，將《壇經》重新編次，即為後世所稱的『契嵩本』。後契嵩應蔡襄之邀，駐錫佛日山，由是亦稱『佛日契嵩』。宋神宗熙寧五年六月初四日（1072年6月22日），契嵩坐化於錢塘，世壽六十有六，僧臘五十有三。

《鐔津文集》十九卷卷首一卷，題藤州鐔津東山沙門契嵩撰，御溪東郊草堂釋懷悟輯。清光緒二十八年（1902）刻本。原書一函四册，半葉十行，行二十字，板框高177毫米，寬130毫米，左右雙邊，細黑口。卷首冠《鐔津明教大師行業記》，末署『熙寧八年（1076）十二月五日記尚書屯田員外郎陳舜俞撰』，原文石刻在杭州靈隱山，宋釋懷悟輯《鐔津文集》時，録於卷首。書後附『鐔津文集功德人名』，末端鐫『光緒二十八年秋 揚州藏經院存板』。是書僅載契嵩所撰詩文、書信、題跋、敘録，兼及他人所作序贊詩題疏，《四庫全書》入集部別集類。

契嵩一生宣揚儒釋一貫，著述頗豐，門下弟子慈愈、洞青、洞光等人，在其生前將其著述合編為

《嘉祐集》、《治平集》，凡百餘卷六十餘萬言。契嵩没後，著作散佚。南宋時期，僧人釋懷悟用心搜求契嵩著作，於紹興四年（1134）在搜集到的《嘉祐集》的基礎上，整理契嵩文集，並以契嵩鄉里籍貫命名為《鐔津文集》，以示不忘其本。

釋懷悟輯本《鐔津文集》收有《嘉祐集》全文，即卷一至卷三的《輔教篇》、《皇極論》、《中庸解》，及卷四至卷十五的《論原》、贊辭等。據今本《鐔津文集》末卷署『御溪東郊草堂釋懷悟』所作《序》記載，釋懷悟輯本《鐔津文集》原本二十卷，目次與今本十九卷本略有不同。原本《輔教篇》、《皇極論》、《中庸解》共三卷（卷一至卷三），今本厘為四卷（卷一至卷四）；原本《論原》、述、題、書、贊、傳、傳、評等凡十二卷（卷四至卷十五），今本厘為九卷（卷五至卷十三）；原本釋懷悟自撰的《序》置於卷末，且未單獨成卷，而今本在釋懷悟《序》之外，别收序、詩、贊、題、疏等九篇，並為一卷。其餘《非韓》、古律詩、唱和詩等篇，原本分卷與今本同。明永樂八年（1410），杭州府徑山禪寺主持文琇重刻《鐔津文集》，凡十九卷，後載入明北藏『孟』、『軻』函（南藏闕），頻伽藏『露』帙，《大正藏》第五十二卷。

《鐔津文集》十九卷本之外，別有二十二卷本《鐔津集》傳世。明弘治十三年（1499），嘉興僧人如巹刻《鐔津集》二十二卷，凡文十九卷，詩二卷，他人所撰序贊詩題疏一卷，今存二十二卷本，多從此出。清乾隆年間編修《四庫全書》時，館臣據以抄録，入《四庫全書》集部別集類。

《傳法正宗記》九卷，《傳法正宗定祖圖》一卷，《傳法正宗論》二卷，宋藤州東山法門釋契嵩著。宋仁宗時奉敕刊於《大藏經》，藏經外別無單行本。

《傳法正宗記》九卷，撰於宋嘉祐六年（1061），載於明南藏『綺』函，明北藏『回』函，清藏『百』函，頻伽藏『雲』帙，收入大正藏第五十一卷，卷首原冠宋嘉祐六年（1061）契嵩撰《上仁宗皇帝書》、《知開封府王侍讀所奏札子》、嘉祐七年（1062）三月十七日《中書札子許收入大藏》、嘉祐七年（1062）四月五日《中書札子不許辭讓師號》、治平元年（1064）四月十一日傳法等所作的雕版後記（原文無標題）、隆興二年(1164)十一月晉安林之奇所作的雕版後記等篇,不見於本次影印本卷端,並收入《鐔津文集》中。

《傳法正宗記》,是中國佛教史上繼宋釋道原撰《景德傳燈録》、李遵勗撰《天聖廣燈録》之後,又一部影響較大的論述禪宗譜系的著作。就體裁而言,與其他二書相較,它是傳記體,而不是燈録體,全書所記人物上起印度禪宗始祖釋迦牟尼,下至中土禪宗六祖大鑒(慧能)第十二世弟子。慧能本人為一世,青原行思、南嶽懷讓等直傳弟子為第二世,以此類推至第十二世。書中列大鑒某世弟子,並於各弟子名下敘列其所出法嗣(即弟子),因此,實際的著録譜系至大鑒第十三世。全書具體篇章如下:

卷一:始祖釋迦如來表。主要記述釋迦牟尼的家世和生平。

卷二至卷六:禪宗三十三祖傳。首為《天竺第一祖摩訶迦葉尊者傳》,末為《震旦第三十三祖慧能尊者傳》,凡三十三人。

卷七至卷八：正宗分家略傳。以慧能法系為禪宗正宗，敘列慧能以下法系的傳承世次，起自大鑒（即慧能），終於大鑒第十二世雲居山如道齊禪師的弟子慧日智達，凡一千三百有四人。

卷九：旁出略傳、宗證略傳。《旁出略傳》敘列禪宗旁出法系的傳承世次，起自禪宗第二祖阿難的旁出法嗣末田底，終於第三十二祖弘忍的旁出法嗣第四世無相禪師的弟子益州神會（與慧能弟子菏澤神會為二人），凡二百有五人；《宗證略傳》，記敘禪宗傳法三十三祖世系中的十人，根據別書對此十人的言論或文字記敘，敘其事蹟。起自東漢月氏國沙門竺大力，終於劉昫。

《傳法正宗定祖圖》一卷，一名《禪宗定祖圖》，全書由圖、文兩部分組成。圖為契嵩用蘇州一帶出產的白色細絹『吳縑』繪製『祖師傳授法衣之圖』一幅，文為契嵩為圖所作的解説。宋嘉祐六年（1061）書成，契嵩以之同《傳法正宗記》進呈宋仁宗，仁宗下詔將此書刊於《大藏經》。《傳法正宗定祖圖》列禪宗祖師凡四十四人，為禪宗始祖釋迦牟尼，禪宗三十三祖，以及《傳法正宗記》中的竺大力、佛馱跋陀羅、曇摩迦羅、僧祐、支彊梁接、那連耶舍、婆羅芬多、犍那、裴休、劉昫，並將名次的前後略作調整。文字解説部分較為簡略，字數多在一二百字左右，重點介紹傳法事蹟。

《傳法正宗論》四篇，厘為二卷。據契嵩在第二篇題下的小注『此篇並後卷二篇是續作』，以及第二篇篇首數語可知，契嵩此文最初僅有第一篇，間隔七年之後續作第二、三、四篇，嘉祐六年（1061）隨《傳法正宗記》、《傳法正宗定祖圖》一並進呈宋仁宗，收入《大正藏》第五十一卷。

《傳法正宗論》進一步補充和闡發了《傳法正宗記》中禪宗西天二十八祖傳法世系的觀點，為《傳法正宗記》的姊妹篇。是書以梁僧祐撰《出三藏記集·薩婆多部相承傳目録》、東晉佛陀跋陀羅譯《達摩多羅禪經》（一名《不淨觀經》、《修行道地經》、《修行方便禪經》，簡文便稱《禪經》）、慧遠撰《廬山出修行方便禪經統序》和慧觀撰《修行地不淨觀經序》等書的記載為主要依據，以天臺宗《付法藏因緣傳》為主要駁斥對象，闡明釋迦牟尼至達磨禪宗二十八祖傳襲的正統性。

本次影印《傳法正宗記》九卷、《傳法正宗定祖圖》一卷及《傳法正宗論》四篇，底本為宋元刊本《磧砂版大藏經》本，在千字文排號的『約』、『法』函。《磧砂大藏經》本各篇在序號的編排上與通行本《大藏經》編排方式不同，具體表現為：《傳法正宗記》卷一至卷八，在『約』字號函，順次排號為『約一』至『約八』。《傳法正宗記》卷九、《傳法正宗定祖圖》卷一、《傳法正宗論》四篇，在『法』字號函，按所在函數重新編排。《傳法正宗記》卷第九編號為《傳法正宗記》卷第一，法一；《傳法正宗定祖圖》編號為《傳法正宗定祖圖》卷第二，法二，卷末鐫『傳法正宗記定祖圖卷第二十四末』；《傳法正宗論》第一篇、第二篇編號為《傳法正宗論》卷第三，法三；《傳法正宗論》第三篇、第四篇編號為《傳法正宗論》卷第四，法四。

本書整理《鐔津文集》所用底本，為廣西壯族自治區圖書館藏清光緒二十八年(1902)揚州經院刻本。《傳法正宗記》、《傳法正宗定祖圖》、《傳法正宗論》為『磧砂大藏經』本。

為讀者使用方便計，本書對所收録的原書頁面未作拼圖處理，但對原書中無内容的空白頁面統一作了删除，而對原書流傳遞藏過程中形成的眉批、校語、藏書印鑒、藏書號等，則均予保留。此外，本書對古籍在傳承遞藏中由於客觀原因出現的濕、黴、蟲蛀等的情況，在技術許可條件下，儘量作了修補。需要説明的底本缺頁、殘損等情況：《鐔津文集》館藏首册原封面佚失。

覃延佳　王真真　馬豔超

目録

鐔津文集

鐔津文集目錄

卷六

論原

卷十

書啟狀

卷十一

卷十二

志記銘碑共一十二篇

卷十三

碑記銘表辭 七篇

鐔津文集目録畢

鐔津明教大師行業記 石刻本在杭靈隱山

尚書屯田員外郎陳舜俞撰

宋熈寧五年六月初四日。有大沙門明教大師。示化于杭州之靈隱寺。世壽六十有六。僧臘五十有三。是月八日。以其法荼毗。斂其骨。得六根之不壞者三。頂骨出舍利。紅白晶潔。狀若大菽者三。及常所持木數珠亦不壞。於是邦人僧士。更相傳告。駭歎頂禮。越月四日。合諸不壞者。葬於故居永安院之左。其存也。嘗與其交居士陳舜俞。極談死生之際。而已屬其後事。茲用不能無述也。師諱契嵩。字仲靈。自號潛子。藤州鐔津人。姓李。母鍾氏。七歲而出家。十三得度落髮。明年。受具戒。十九而游方。下江湘。陟衡廬。首常戴觀音之像。而誦其號。日十萬聲。於是世間經書章句。不學而能。得法於筠州洞山之聰公。慶曆間。入吳中。至錢塘。樂其湖山。始稅駕焉。當是時。天下之士學爲古文。慕韓退之排佛而尊孔子。東南有章表民。黃聱隅。李泰伯。尤爲雄傑。學者宗之。仲靈獨居。作原教孝論十餘篇。明儒釋之道一貫。以抗其說。諸君讀之。既愛其文。又畏其理之勝而莫之能奪也。因與之游。遇士大夫之惡佛者。仲靈無不懇懇爲言之。由是排者浸止而後有好之甚者仲靈唱之也所居一室蕭然無長物與人清談靡靡至於終日客非修潔行誼之士不可造也時二卿郎公引年謝歸最爲物外之友嘗欲同游徑山有行色矣公亦風邑豪預焉冀其見仲靈而有以尊養之仲靈知之不肯行使人謝公曰從吾所好何必求富而執鞭哉凡其潔清類如此皇祐間去居越之南衡山未幾罷歸復著禪宗定祖圖傳法正宗記仲靈之作是書也慨然憫禪門之陵遲因作考經典以佛後摩訶迦葉獨得大法眼藏爲初祖推而下之至於達磨爲二十八祖皆密相付囑不立文

字謂之教外別傳者。居無何。觀察李公謹得其書。且欽其高名。奏賜紫方袍。仲靈復念幸生天子大臣護道達法之年。乃抱其書以游京師。府尹龍圖王仲義。果奏上之。仁宗覽之。詔付傳法院編次以示褒寵。仍賜明教之號。仲靈再表辭。不許。朝中自韓丞相而下。莫不延見而尊重之。留居憫賢寺。不受。請還東南。已而浮圖之講解者。惡其有別傳之語。而恥其所宗不在所謂二十八人者。乃相與造說以非之。仲靈聞之。攘袂切齒。又益著書。博引聖賢經論古人集錄爲證。幾至數萬言。士有賢而好佛者。往往詣而訴其寃。久之雖平生厚於仲靈者猶恨其不能與衆人相忘於是非之間及其亡也三寸之舌所以論議是是非非者卒與數物不壞以明之嗚呼使其與奪之不公辯說之不契乎道則何以臻此哉雖然仲靈之所以自得而樂諸己者蓋不預於此豈可爲淺見寡聞者道耶仲靈在東南最後密學蔡君謨之帥杭也延置佛日山禮甚厚居數年然言高而行卓不少假學者人莫之能從也有弟子曰慈愈洞清洞光所著書自定祖圖而下謂之嘉祐集又有治平集凡百餘卷總六十有餘萬言其甥沙門法燈克奉藏之以信後世云

熙甯八年十二月五日記。

音釋

晶音精 聱音敖 褒音保 陟竹力切登也

鐔津文集卷第一

藤州鐔津東山沙門契嵩撰

輔教編上

原教

萬物有性情。古今有死生。然而死生性情未始不相因而有之。死固因生。生固因於情。情固因於性。使萬物而浮沉於生死者。情爲其累也。有聖人者大觀乃推其因於生之前。示其所以來也。指其成於死之後。教其所以修也。故以其道導天下。排情僞于方今。資必成乎將來。夫生也既有前後。而以今相與。不亦爲三世乎以將來之善成由今之所以修則方今窮通由其已往之所習斷可見矣情也者發於性皆情也苟情習有善惡方其化也則冥然與其類相感而成其所成情習有薄者焉有篤者焉機器有大者焉有小者焉聖人宜之故陳其法爲五乘者爲三藏者別乎五乘又岐出其繁然殆不可勝數上極成其聖道下極世俗之爲農者商者技者醫者百工之鄙事皆示其所以然然於五乘者皆統之於三藏舉其大者則五乘首之其一曰人乘次二曰天乘次三曰聲聞乘次四曰緣覺乘次五曰菩薩乘後之三乘云者

蓋導其徒超然之出世者也使其大潔情汙直趣乎
眞際神而通之世不可得而窺之前之二乘云者以
世情膠甚而其欲不可輒去就其情而制之曰人乘
者五戒之謂也一曰不殺謂當愛生不可以已輒暴
一物不止不食其肉也二曰不盜謂不義不取不止
不攘他物也三曰不邪淫謂不亂非其匹偶也四曰
不妄語謂不以言欺人五曰不飲酒謂不以醉亂其
修心曰天乘者廣於五戒謂之十善也一曰不殺二
曰不盜三曰不邪淫四曰不妄語是四者其義與五
戒同也五曰不綺語謂不爲飾非言六曰不兩舌謂

語人不背面。七曰不惡口。謂不罵。亦曰不道不義。八曰不嫉。謂無所妒忌。九曰不恚。謂不以忿恨宿於心。十曰不癡。謂不昧善惡。然謂兼修其十者。報之所以生天也。修前五者。資之所以爲人也。脫天下皆以此各修。假令非生天。而人人足成善人。人皆善而世不治。未之有也。昔宋文帝謂其臣何尚之曰。適見顏延之宗炳著論發明佛法。甚爲明理。並是開奬人意。若使率土之濱。皆感此化。朕則垂拱坐致太平矣。夫復何事。尚之因進曰。夫百家之鄉。十人持五戒。則十人淳謹。千室之邑。百人修十善。則百人和睦。持此風教。

以周寰區。編戶億千。則仁人百萬。夫能行一善則去一惡。去一惡則息一刑。一刑息於家。萬刑息於國。則陛下之言坐致太平是也。斯言得之矣。以儒校之。則與其所謂五常仁義者異號而一體耳。夫仁義者。先王一世之治迹也。以迹議之。而未始不異也。以理推之。而未始不同也。迹出於理。而理祖乎迹。迹末也。理本也。君子求本而措末可也。語曰。視其所以。觀其所由。察其所安。人焉廋哉。人焉廋哉。孟子曰。不揣其本。而齊其末。方寸之木。可使高於岑樓。謂事必揣量其本而齊等其末。而後語之。苟以其一世之迹。而責其三世之謂何異乎以十步之履而詰其百步之履曰而何其迹之紛紛也曷不爲我之鮮乎是豈知其所適之遠近所步之多少也然聖人爲教而恢張異宜言乎一世也則當順其人情爲治其形生之間言乎三世也則當正其人神指緣業乎死生之外神農誌百藥雖異而同於療病也后稷標百穀雖殊而同於膳人也聖人爲教不同而同於爲善也曰佛之道其治三世非耳目之所接子何以而明之曰吾謂人死而其神不死此其驗矣神之在人猶火之在薪也前薪雖與火相燼今所以火者曷嘗燼乎曰神理冥眇

其形既謝而孰能御其所適果爲人耶果爲飛潛異類乎曰斯可通也苟以其情習之業推之則其報也不差子豈不聞洪範五福六極之謂乎五福者謂人以其心合乎皇極而天用是五者應以嚮勸之六極者謂人不以其心合乎皇極而天用是六者應以威沮之夫其形存而善惡之應已然其神往則善惡之報豈不然乎佛經曰一切諸法以意生形此之謂也曰謂佛道絕情而所爲也如此豈非情乎佛亦有情耶曰形象者舉有情佛獨無情耶佛行情而不情耳曰佛之爲者既類夫仁義而仁義烏得不謂之情乎

曰仁者何惠愛之謂也義者何適宜之謂也宜與愛皆起於性而形乎用非情何乎就其情而言之則仁義乃情之善者也情而爲之而其勢近權不情而爲之而其勢近理性相同也情相異也異焉而天下鮮不競同焉而天下鮮不安聖人欲引之其所安所以推性而同羣生聖人欲息之其所競所以推懷而在萬物謂物也無昆蟲無動植佛皆槩而惠之不敢損之謂生也無貴賤無賢鄙佛皆一而導之使自求之推其性而自同羣生豈不謂大誠乎推其懷而盡在萬物豈不謂大慈乎大慈故其感人也深大誠故其

化物也易。故夫中國之內。四夷八蠻之外。其人聞佛之言。爲善有福、爲惡有罪、而鮮不惻然收其惡心、歡然舉其善意、守其說。拳拳不敢失之。若嚮之所謂五戒十善云者。里巷何嘗不相化而爲之、自鄉之邑、自邑之州。自州之國。朝廷之士、天子之宮。掖其修之至也。不殺必仁、不盜必廉。不淫必正、不妄必信、不醉不亂。不綺語必誠。不兩舌不讒。不惡口不辱、不恚不讐。不嫉不爭。不癡不昧。有一于此。足以誠於身而加於人。况五戒十善之全也、豈有爲人弟者而不悌其兄。爲人子者而不孝其親。爲人室者而不敬其夫。爲人友者而不以善相致。爲人臣者而不忠其君。爲人君者而不仁其民。是天下之無有也。爲之者唯恐其過與不及爲癖耳。佛豈苟癖於人焉。如此者佛之道豈一人之私爲乎。抑亦有意於天下國家矣。何嘗不存其君臣父子耶。豈妨人所生養之道耶。但其所出不自吏而張之。亦其化之理隱而難見。故世不得而盡信。易曰。默而成之。不言而信。存乎德行。孟子曰。民日遷善而不知爲之者。豈不然乎。人之惑於情久矣。情之甚。幾至乎敝薄。古聖人憂之。爲其法。交相爲治。謂之帝。謂之王。雖其道多方。而猶不暇救。以仁恩之。

以義教之賞欲進其善罰欲沮其惡雖罰日益勞賞日益費而世俗益薄苟聞有不以賞罰而得民遷善而遠惡雖聖如堯舜必歡然喜而致之豈曰斯人不因吾道而爲善吾不取其善必吾道而爲善乃可善之若是是聖人私其道也安有聖人之道而私哉夫游龍振於江海而雲氣油然四起暴虎聲於山林而飈風飂飂而來蓋其類自相應也故善人非親而善人同之惡人非怨而惡人容之舜好問而察邇言隱惡而揚善及聞一善言見一善行若決江海沛然莫之能禦也禹聞善言則拜孔子嘗謂善人吾不得而

見之得見有常者其可矣又曰三人行必得我師焉擇其善者而從之其不善者而改之顔子得一善則拳拳服膺不敢失之孟子謂好善優於天下又謂誠身有道不明乎善不誠乎身矣此五君子者古之大樂善人也以其善類固類於佛苟其不死見乎吾道之傳是必泯然從而推之噫亦後世之不幸不得其相遇而相證尙使兩家之徒猶豫而不相信噫人情莫不專已而畧人是此而非彼非過則爭專過則拘君子通而已矣何必苟專君子當而已矣何必苟非飲食男女人皆能知貴而君子不貴君子之所貴貴

其能知道而識理也今有大道遠理若是而余不知識余愧於人多矣嘗試論曰夫欲人心服而自脩莫若感其內欲人言順而貌從莫若制其外制其外者非以人道設教則不能果致也感其內者非以神道設教則不能必化也故佛之爲道也先乎神而次乎人蓋亦感內而制外之謂也神也者人之精神之謂也非謂鬼神淫惑之事者也謂人修其精神善其履行生也則福應死也則其神清昇精神不修履行邪妄生也則非慶死也則其神受誅故天下聞之其心感動惡者沮而善者如之如此默化而何代無有然

其教之作於中國也必有以世數相宜而來應人心相感而至不然何人以其法修之天地應之鬼神效之苟其宜之數之未盡相感之理未窮又安可以變之而苟存惡之而苟去方之人事若王者霸者其順時應人而爲之豈不然哉況其有妙道冥權又至於人事者耶夫妙道也者清淨寂滅之謂也謂其滅盡眾累純其清淨本然者也非謂死其生取乎空荒滅絕之謂也以此至之則成乎聖神以超出其世冥權也者以道起乎不用之用之謂也謂其拯拔羣生而出乎情溺者也考其化物自化則皇道幾之考其權

用應世則無所不至言其化也固後世不能臻之言其權也默而體之則無世不得昔者聖人之將化也以其法付之王付之臣付之長者有力之人非其私已而苟尊於人也蓋欲因其道而爲道因其善而爲善佛之經固亦多方矣後世之徒不能以宜而授人致其信者過信令君有侫善輒欲捐國爲奴隷之下俗有淺悟遽欲棄業專勝僧之高此非謂用佛心而爲道也經豈不曰諸佛隨宜說法意趣難解故爲佛者不止緇其服剪其髮而已矣然佛之爲心也如此豈小通哉此有欲以如楊墨而譏之夫楊墨者滯一

而拘俗以之方佛不亦甚乎世不探佛理而詳之徒詾詾然誕佛謂其說之不典佛之見出於人遠矣烏可以已不見而方人之見謂佛之言多劫也誕耶世固有積月而成歲積歲而成世又安知其積世而不成劫耶苟以其事遠耳目不接而謂之不然則六藝所道上世之事今非承其傳而孰親視之此可謂誕乎謂佛言大也誕耶世固有遊心夌空而往雖四隅上下窅然曷嘗有涯方之佛謂其世界無窮何不然乎謂佛言化也誕耶世固有夢中而夢者方其夢時而其所遇事與身世與適夢或其同或其異莫不類

之夢之中既夢又安知其死之中不有化耶佛之見既遠而其知物亦多故聖人廣其敎以敎多類欲其無所適而不化也今曰佛西方聖人也其法宜夷而不宜中國斯亦先儒未之思也聖人者蓋大有道者之稱也豈有大有道而不得曰聖人亦安有聖人之道而所至不可行乎苟以其人所出於夷而然也若舜東夷之人文王西夷之人而其道相接紹行於中國可夷其人而拒其道乎況佛之所出非夷也或曰佛止言性性則易與中庸云矣而無用佛爲是又不然如吾佛之言性與世書一也是聖人同其性矣同

者卻之而異者何以處之水多得其同則深爲河海土多得其同則積爲山嶽大人多得其同則廣爲道德嗚呼余烏能多得其同人同誠其心同齋戒其身同推德于人以福吾親以資吾君之康天下也曰而何甚不厭耶子輩雜然盈乎天下不籍四民徒張其布施報應以衣食於人不爲困天下亦已幸矣又何能補治其世而致福於君親乎曰固哉居吾語汝汝亦知先王之門論德義而不計工力耶夫先王之制民也恐世儌民混而易亂遂爲之防故四其民使各屬其屬豈謂禁民不得以利而與人爲惠若今佛者

默則誠語則善所至則以其道勸人舍惡而趨善其一衣食待人之餘非黷也苟不能然自其人之罪豈佛之法謬乎孟子曰於此有人焉入則孝出則悌守先王之道以待後之學者而不得食於子子何尊梓匠輪輿而輕爲仁義者哉儒豈不然耶堯舜已前其民未四當此其人豈盡農且工未聞其食用之不足周平之世井田之制尚舉而民已匱且敝及秦廢王制而天下益擾當是時也佛老皆未之作豈亦其教加於四民而爲癘然耶人生天地中其食用恐素有分乎亦爲世之憂太過爲人之計太約報應者儒言

休證咎證積善有慶積惡有殃亦已明矣若布施之云者佛以其人欲有所施惠必出於善心心之果善方乎休證則可不應之孰爲虛張耶夫舍恵誠人情之難能也斯苟能其難能其爲善也不亦至乎語曰如有博施於民而能濟衆何如可謂人乎子曰何事於仁必也聖乎堯舜其猶病諸蓋言聖人難之亦恐其未能爲也佛必以是而勸之者意亦釋人貪慳而廓其善心耳世宜視其與人爲施者公私如何哉不當傲其所以爲施也禮將有事於天地鬼神雖一日祭必數日齋蓋欲人誠其心而潔其身也所以祈必

有福於世今佛者其爲心則長誠齋戒則終身比其修齋戒之數曰福亦至矣豈盡無所資乎曰男有室女有家全其髮膚以奉父母之遺體人倫之道也而子輩反此自爲其修超然欲高天下然修之又幾何哉混然何足辨之曰爲佛者齋戒修心義利不取雖名亦忘至之遂通於神明其爲德也抑亦至矣推其道於人則無物不欲善之其爲道抑亦大矣以道報恩何恩不報以德嗣德何德不嗣已雖不娶而以其德資父母形雖外毀而以其道濟乎親泰伯豈不虧形耶而聖人德之伯夷叔齊豈不不娶長往於山林

乎而聖人賢之孟子則推之曰伯夷聖之清者也不聞以虧形不娶而少之子獨過吾徒耶夫世之不軌道久矣雖賢父兄如堯舜周公尚不能必制其子弟今去佛世愈遠教亦將季烏得無邪人寄我以偷安耶雖法將如之何大林中固有不材之木大畝中固有不實之苗直之可也不可以人廢道曰而言而之教若詳誠可尚也然則辨教之說皆張於方今較之孰爲優乎曰叟愚也若然者皆聖人之教小子何敢輒議然佛吾道也儒亦竊嘗聞之若老氏則予頗存意不已而言之諸教也亦猶同水以涉而厲揭有深

淺儒者聖人之治世者也佛者聖人之治出世者也

勸書第一

余五書出未逾月客有踵門而謂曰僕粗聞大道適視若廣原教可謂涉道之深矣勸書者蓋其警世之漸也大凡學者必先淺而後深欲其不煩而易就也若今先廣教而後勸書僕不識其何謂也曰此吾無他義例第以茲原教廣原教相因而作故以其相次而例之耳客曰僕固欲公擢勸書於前而排廣教於後使夫觀之者先後有序沿淺而及奧不亦善乎余然之矣而客又請之曰若五書雖各有其目也未若

統而名之。俾其流百世而不相離。不亦益善乎。余從
而謝其客曰。今夫縉紳先生。厭吾道者殷矣。而子獨
好以助之。子可謂篤道而公於爲善矣。即爲其命工
移易乎二說。增爲三帙。總五書而名之曰輔教編。
潛子爲勸書。或曰。何以勸乎。曰。勸夫君子者自信其
心。然後事其名爲然也。古之聖人有曰佛者。先得乎
人心之至正者。乃欲推此與天下同之。而天下學者。
反不能自信其心之然。遂毅然相與排佛之說。以務
其名。吾嘗爲其悲之。夫人生名孰誠於心。今忽其誠
說。而徇乎區區之名。惑亦甚矣。夫心也者。聖人道義

之本也。名也者。聖人勸善之權也。務其權而其本不審。其爲善果善乎。其爲道義果義乎。今學者以適義爲理。以行義爲道。此但外事中節之道理也。未預乎聖人之大道也。大理也。夫大理也者。固常道之主也。凡物不自其主而爲。爲之果當乎。漢人有號牟子者。嘗著書以諭佛道曰。道之爲物也。居家可以事親。宰國可以治民。獨立可以治身。履而行之則充乎天地。此蓋言乎世道者。資佛道而爲其根本者也。夫君子治世之書。頗嘗知其心之然乎。知之而苟排之。是乃自欺其心也。然此不直人心之然也。天地之心亦然。

鬼神異類之心皆然而天地鬼神益不可以此而欺之也然此雖槩見百家之書而百家者未始盡之佛廼窮深極微以究乎死生之變以通乎神明之往來乃至於大妙故世俗以其法事於天地而天地應之以其書要於鬼神而鬼神順之至乎四海之人以其說而舍惡從善者不待爵賞之勸斐然趨以自化此無他也蓋推其大誠與天地萬物同而天人鬼神自然相感而然也曰此吾知之矣姑從吾名敎乃爾也曰夫欲其名勸之但誠於爲善則爲聖人之徒固已至矣何必資斥佛乃賢耶今有人日爲善物於此爲

之旣專及寢則夢其所爲宛然當爾則其人以名夢乎以魂夢耶是必以魂而夢之也如此則善惡常與心相親奈何徒以名今世俗而不顧其心魂乎君子自重輕果如何哉昔韓子以佛法獨盛而惡時俗奉之不以其方雖以書抑之至其道本而韓亦頗推之故其送高閑序曰今閑師浮圖氏一死生解外膠是其心必泊然無於所起其於世必澹然無於所嗜稱乎大顚則曰頗聰明識道理又曰實能外形骸以理自勝不爲事物侵亂韓氏之心於佛亦有所善乎而大顚禪書亦謂韓子嘗相問其法此必然也逮其爲

絳州刺史馬府君行狀乃曰司徒公之薨也刺臂出血書佛經千餘言期以報德又曰其居喪有過人行又曰掇其大者爲行狀託立言之君子而圖其不朽焉是豈盡非乎爲佛之事者耶韓子賢人也臨事制變當自有權道方其讓老氏則曰其見小也坐井觀天曰天小者非天罪也又曰聖人無常師萇弘師襄老聃郯子之徒其賢不及孔子孔子三人行則必有我師是亦謂孔子而師老聃也與夫曾子問司馬遷所謂孔子問禮於老聃類也然老子固薄禮者也豈專言禮乎是亦在其道也驗太史公之書則孔子聞

道於老子詳矣昔孟子故擯夫爲楊墨者而韓子則與墨曰孔子必用墨子墨子必用孔子不相用不足爲孔墨儒者不尙說乎死生鬼神之事而韓子原鬼稱乎羅池柳子厚之神奇而不疑韓子何嘗膠於一端而不自通耶韓謂聖賢也豈其是非不定而言之反覆蓋鑒在其心抑之揚之或時而然也後世當求之韓心不必隨其語也曰吾於吾儒之書見其心亦久矣及見李氏復性之說益自發明無取於佛也曰止渴不必東井而飲充飢不必擇庖而食得于審其心爲善不亂可也豈抑人必從於我不然也他書雖

見乎性命之說。大較恐亦有所未盡者也。吾視本朝所撰高僧傳。謂李習之嘗聞法於道人惟儼。及取李之書詳之。其微旨誠若得於佛經。但其文字與援引爲異耳。然佛亦稍資諸君之發明乎。曰。雖然子盍盡子之道歟。曰。於此吾且欲諸君之易曉耳。遽盡吾道。則恐世誕吾言而益不信也。勿已。幸視吾書曰廣原教者可詳也。

勸書第二

天下之教化者。善而已矣。佛之法非善乎。而諸君必排之。是必以其與己教不同而然也。此豈非莊子所謂人同於已則可不同於已雖善不善謂之矜吾欲諸君為公而不為矜也語曰多聞擇其善者而從之又曰君子之於天下也無適也無莫也義之與比聖人抑亦酌其善而取之何嘗以與己不同而棄人之善也自三代其政既衰而世俗之惡滋甚禮義將不暇獨治而佛之法乃播於諸夏遂與儒並勸而世亦翕然化之其遷善遠罪者有矣自得以正乎性命者有矣而民至於今賴之故吾謂佛教者乃相資而善世也但在冥數自然人不可得而輒見以理而陰校之無不然也故佛之法為益於天下抑亦至矣今曰

佛爲害於中國斯言甚矣君子何未之思也大凡害事無大小者不誅於人必誅於天鮮得久存於世也今佛法入中國垂千年矣果爲害則天人安能久容之如此也若其三廢於中國而三益起之是亦可疑其必有大合乎天人者也君子謂其廢天常而不近人情而惡之然其遺情當絕有陰德乎君親者也而其意甚遠不可遽說且以天道而與子質之父子夫婦天常也今佛導人割常情而務其修潔者蓋反常而合道也夫大道亦恐其有所至於常情耳不然則天厭之久矣若古之聖賢之人事於佛而相贊之者

繫乎。此不可悉數。姑以唐而明其大略。夫爲天下而至於王道者。孰與太宗。當玄奘出其衆經。而太宗父子文之曰。大唐聖教序。相天下而最賢者。孰與房杜姚宋耶。若房梁公玄齡。則相與玄奘譯經。杜萊公如晦。則以法尊於京兆玄琬。逮其垂薨。乃命琬爲世世之師。宋丞相璟。則以佛法師於曇一。裴晉公勳業。於唐爲高。丞相崔羣。德重當時。天下服其爲人。而天下孰賢於二公。裴則執弟子禮於徑山法欽。崔則師於道人如會。惟儼。抱大節。忠於國家天下。死而不變者。孰與顏魯公。魯公嘗以戒稱弟子於湖州慧明。問道於江西嚴峻。純孝而淸正。孰與於曾山元紫芝。紫芝以母喪。則刺血寫佛之經像。（已上之事。見於劉煦唐書。及本朝所撰高僧傳）自太宗逮乎元德秀者。皆其君臣之甚聖賢者也。借使佛之法。不正而善惑。亦烏能必惑乎如此之聖賢耶。至乃儒者文者。若隋之文中子。若唐之元結。李華。梁肅。若權文公。若裴相國休。若柳子厚。李元賓。此八君子者。但不詬佛爲不賢耳。不可謂其盡不知古今治亂成敗。與其邪正之是非也。而八君子。亦未始謂佛爲非是而不推之。如此諸君。亦宜思之。今吾人之所以爲人者。特資乎神明而然也。神明之傳於人。亦猶人之移易其屋廬耳。舊說羊祜前爲李氏之子。崔咸乃盧老後身。若斯之類。古今頗有。諸君故亦嘗聞之也。以此而推之。則諸君之賢豪。出當治世。是亦乘昔之神明。而致然也。又烏知其昔不以佛之法而治乎神明耶。於此吾益欲諸君審其形始。而姑求其中。不必徒以外物而自繆。今爲書而必欲勸之者。非直爲其法也。重與諸君皆稟靈爲人。殊貴於萬物之中。而萬物變化芒乎紛綸。唯人爲難得。諸君人傑。愈難得也。然此亦死生鬼神之惚恍。不足擅以爲諭。請即以人事而言之。幸諸君少取焉。夫立言者。所以勸善而沮惡也。及其善之惡之。當與不當。則損益歸乎陰德。今閭巷之人。欲以言而辱人。必亦思之曰。彼福德人也。不可辱之。辱則折吾福矣。然佛縱不足預世聖賢。豈不若其閭巷之福德人耶。今詆訶一出。則後生末學。百世效之。其損益陰德。亦少宜愼思之。昔韓退之不肯爲史。蓋懼其褒貶不當。而損乎陰德也。故與書乎劉生曰。不有人禍。則有天刑。又曰。若有鬼神。將不福人。彼史氏之褒貶。但在乎世人耳。若佛者。其道德神奇。恐不啻於世之人也。此又未可多貶也。列禦寇稱孔子嘗曰。丘聞西方之有大聖人。不治而不亂不言而自信。不化而自行。蕩蕩乎民無能名焉。使列子妄言即已。如其稱誠。則聖人固不可侮也。

勸書第三

余嘗見本朝楊文公之書。其意自謂少時銳於仕進。望望常若有物礙於胷中。及學釋氏之法。其物豁然破散。無復蔽礙。而其心泰然。故楊文公資此。終爲良臣孝子。而天下謂其有大節。抑又聞謝大夫泌與查道待制。甚通吾道。故其爲人能仁賢。其爲政尙清淨。而所治皆有名迹。及謝大夫之亡也。沐浴儼其衣冠。無疾正坐而盡。昔尹待制師魯。死於南陽。其神不亂。

士君子皆善師曾。死得其正。吾亦然之也。及會朱從事炎於錢唐。聞其所以然益詳。朱君善方脈。當師曾疾革。而范資政命朱夜往候之。尹待制卽謂朱曰。吾死生如何。朱君曰。脈不可也。而師曾亦謂朱曰。吾亦自知吾命已矣。因說其素學佛於禪師法昭者。吾乃今資此也。及其夕三鼓。屛人。遂隱几而終。余晚見尹氏退說。與其送迴光之序。驗朱從事之言是也。然佛之法。益人之生也若彼。益人之死也如此。孰謂佛無益於天下乎。而天下人人黙自得之。若此四君子者何限。至乃以其五戒十善。陰自修者。而父益其善。子益其孝。夫婦兄弟益其和。抑亦衆矣。余昔見潯陽之民曰周懷義者。舉家稍以十善慈孝仁惠稱於鄰里。鄉人無相害之意。雖街童市竪。見周氏父子。必曰此善人也。皆不忍欺之。吾嘗謂使天下皆如周氏之家。豈不爲至德之世乎。夫先儒不甚推性命於世者。蓋以其幽奧。非衆人之易及者也。未可以救民之弊。姑以禮義統乎人情而制之。若其性與神道。恐獨待乎賢者耳。語曰。回也庶幾乎屢空。不其然乎。今曰三代時人。未有夫佛法之說。豈不以其心而爲人乎。曰何必三代。如三皇時。未有夫孔氏老子之言。其人豈不以心而爲君臣父子夫婦乎。夫君子於道。當精麤淺深之。不宜如此之混說也。佛豈直爲世。不以其心而爲人耶。蓋欲其愈至而愈正也。泰山有鳥。巢於層崖木末。而弋者不及。千仞之淵有魚。潛於深泉幽穴。而筌者不得。蓋其所託愈高。而所棲愈安。所潛愈深。而所生逾適。孟子曰。孔子登東山而小魯。登泰山而小天下。此言諭道至矣。吾昔與人論此。而其人以名矜以氣抗。雖心然之。而語不及從。夫抗與矜人情。而心固至妙。烏可任人情而忽乎至妙之心。其亦昧矣。諸君賢達。無爲彼已昧者也。

鐔津文集卷第一

音釋

黷音獨　飂音聊　⿰目冉音冉　窅音杳　夸音誇　薨音轟　泌音弼

鐔津文集卷第二

藤州鐔津東山沙門契嵩撰

輔教編中

廣原教

敘曰。余昔以五戒十善。通儒之五常。爲原教。急欲解當世儒者之訾佛。若吾聖人爲教之大本。雖槩見而未暇盡言。欲待別爲書廣之。原教傳之七年。會丹丘長吉。遺書勸余成之。雖屬草。以所論未至。焚之。適就其書。幾得乎聖人之心。始余爲原教。師華嚴經。先列乎菩薩乘。蓋取其所謂依本起末門者也。師智度論。

而離合乎五戒十善者也。然立言自有體裁。其人不知。頗相誚訝。當時或爲其改之。今書乃先列乎人天乘。亦從華嚴之所謂攝末歸本門者也。旨哉。五戒十善。則不復出其名數。吾所以爲二書者。蓋欲發明先聖設教之大統。以諭夫世儒之不知佛者。故其言欲文。其理欲簡。其勢不可枝辭蔓說。若曲辨乎衆經之教義。則章句者存焉。知余譏余。其原教廣原教乎。廣原教凡二十五篇。總八千一百餘言。是歲丙申也。振筆于靈隱永安山舍。

惟心之謂道。闡道之謂教。教也者。聖人之垂迹也。道也者。衆生之大本也。甚乎羣生之繆其本也久矣。聖人不作。而萬物終昧。聖人所以與萬物大明也。心無有外。道無不中。故物無不預道。聖人不私道。不棄物。道之所存。聖人皆與。是故其爲教也。通幽通明通世出世。無不通也。通者統也。統以正之。欲其必與聖人同德。廣大靈明。莫至乎道。神德妙用。莫至乎心。徇妄縛業。莫甚乎迷本。流蕩諸趣。莫甚乎死生。知衆生之過患。莫善乎聖人。與萬物正本。莫善乎設教。正固明。明固妙。妙固其道凝焉。是故教者。聖人明道救世之大端也。夫教也者。聖人乘時應機。不思議之大用也。

是故其機大者頓之。其機小者漸之。漸也者。言乎權也。頓也者。言乎實也。實者。謂之大乘。權者。謂之小乘。聖人以大小衍。攬乎羣機。而幽明盡矣。預頓而聞漸。預漸而聞頓。是又聖人之妙乎天人。而天人不測也。聖人示權。所以趨實也。聖人顯實。所以藉權也。故權實。偏圓。而未始不相顧。權也者。有顯權。有冥權。聖人顯權之。則爲淺教。爲小道。與夫信者。爲其小息之所也。聖人冥權之。則爲異道。爲他教。爲與善惡同其事。與夫不信者。預爲其得道之遠緣也。顯權可見。而冥權不測也。實也者。至實也。至實則物我一也。物我一。

故聖人以羣生而成之也。語夫聖人之權也。則周天下之善。徧百家之道。其救世濟物之大權乎。語夫聖人之實也。則旁礴法界。與萬物皆極。其天下窮理盡性之大道乎。聖人者。聖人之聖者也。以非死生而示死示生。與人同然。而莫覩其所以然。豈古神靈叡智博大盛備之聖人乎。故其爲教。有神道也。有人道也。有常德也。有奇德也。不可以一槩求。不以世道擬議。得在於心通。失在於迹較。

治人治天。莫善乎五戒十善。修夫小小聖。小聖。莫盛乎四諦十二緣。修夫大聖。以趨乎大大聖。莫盛乎六度萬行。夫五戒十善者。離之所以致天。合之所以貧人。語其成功。則有勝有劣。語其所以然。則大人之道一也。夫四諦十二緣者。離之則在乎小聖。合之則在乎小小聖。語其成功。則有隆殺。語其乘之。則小聖小小聖同道也。夫六度也者。首萬行。廣萬行者也。大聖與乎大大聖。其所乘雖稍分之。及其以萬行超極。則與夫大大之聖人一也。萬行也者。萬善之謂也。聖人之善。蓋神而爲之。適變乘化。無所而不在也。是故聖人預天人之事。而天人不測。夫神也者。妙也。事也者。麤也。麤者。唯人知之。妙者。唯聖人知之。天下以彼我競以儒佛之事相是非而天下之知者儒佛之事豈知其埏埴乎儒佛者耶夫含靈者溥天溥地偏幽偏明偏乎夷狄禽獸非以神道彌綸而古今殆有棄物聖人重同靈懼遺物也是故聖人以神道作

心必至至必變變者識也至者如也如者妙萬物者也識者紛萬物異萬物者也變也者動之幾也至也者妙之本也天下無不本天下無不動故萬物出于變入于變萬物起于至復于至萬物之變見乎情天下之至存乎性以情可以辨萬物之變化以性可以觀天下之大妙善夫情性可以語聖人之教道也萬

物同靈之謂心。聖人所履之謂道。道有大者焉。有小者焉。心有善者焉。有惡者焉。善惡有厚薄。大小有漸奧。故有大聖。有次聖。有小聖。有天。有人。有須倫。有鬼神。有介羽之屬。有地道羣生者。一心之所出也。聖人者。一道之所離也。聖人之大小之端。不可不審也。羣生之善惡之故。不可不慎也。夫心與道。豈異乎哉。以聖人羣生姑區以別之。曰道。曰心也。心乎大哉至也矣。幽過乎鬼神。明過乎日月。博大包乎天地。精微貫乎鄰虛。幽而不幽。故至幽。明而不明。故至明。大而不大。故絕大。微而不微。故至微。精日精月。靈鬼靈神。而妙乎天地三才若有乎若無乎若不有不無若不不有若不不無是可以言語狀及乎不可以絕待玄解諭得之在乎瞬息差之在乎毫釐者是可以與至者知不可與學者語聖人以此難明難至也乃爲諸教言之義之諭之正之雖夥然多端是皆欲人之不繆也而學者猶昧今夫天下混謂乎心者言之而不詳知之而不審苟認意識謂與聖人同得其趣道也不亦遠乎

情出乎性性隱乎情性隱則至實之道息矣是故聖人以性爲教而教人天下之動生於情萬物之惑正

於性。情性之善惡。天下可不審乎。知善惡而不知夫善惡之終始。其至知乎。知其終。而不知其始。其至知乎。唯聖人之至知。知始知終。知微知亡。見其貫死生幽明。而成象成形。天地至遠而起於情。宇宙至大而內於性。故萬物莫盛乎情性者也。情也者。有之初也。有有則有愛。有愛則有嗜欲。有嗜欲。則男女萬物生死焉。死生之感。則善惡以類變。始之。終之。循死生而未始休。性也者。無之至也。至無則未始無。出乎生。入乎死。而非死非生。聖人之道。所以寂焉。明然。唯感。所適。夫情也。爲僞。爲識。得之。則爲愛。爲惠。爲親。親爲疎疎。爲或善。爲或惡。失之則爲欺。爲狡。爲兇。爲不遜。爲貪。爲溺嗜欲。爲喪心。爲滅性。夫性也。爲眞。爲如。爲至。爲無邪。爲淸。爲靜。近之則爲賢。爲正人。遠之則爲聖神。爲大聖人。聖人以性爲教。教人。而不以情。此其蘊也。情性之在物。常然。宛然。探之不得。決之不絕。天地有窮。性靈不竭。五趣迭改。情累不釋。是故情性之謂。天下不可不柬也。夫以情教人。其在生死之間乎。以性教人。其出夫死生之外乎。情教其近也。性教其遠也。誕乎死生之外而罔之。其昧天理。而絕乎生生之源也。小知不及大知。醯雞之局乎甕瓿之間。不亦然乎。

心動曰業。會業曰感。感也者通內外之謂也。天下之心孰不動。萬物之業孰不感。業之爲理也幽。感之爲勢也遠。故民不睹而不懼。聖人之敎謹乎業。欲其人之必警也。欲其心之愼動也。內感之謂召。外感之謂應。召謂其因。應謂其果。因果形象者皆預也。夫心動有逆順。故善惡之情生焉。善惡之情已發。故禍福之應至焉。情之有淺深。報之有輕重。輕乎可以遷。重乎不可卻。善惡有先後。禍福有遲速。雖十世萬世而相感者不逸。豈一世而已乎。夫善惡不驗乎一世。而疑之是亦昧乎因果者也。報施不以。夫因果正。則天下何以勸善人。樹不見其長而日茂。礪不見其銷而日無。業之在人也如此。可不慎乎。

物有性。物有命。物好生。物惡死。有血氣之屬皆然也。聖人所以欲生而不欲殺。夫生殺有因果。善惡有感應。其因善。其果善。其因惡。其果惡。夫好生之心善。好殺之心惡。善惡之感。可不慎乎。人食物。物給人。昔相負而冥相償。業之致然也。人與物而不覺。謂物自然天生以養人。天何頗耶。害性命以育性命。天道至仁。豈然乎哉。夫相償之理冥而難言也。宰殺之勢積而難休也。故古之法。使不暴夫物。不合圍。不揜羣也。子釣而不綱。弋不射宿。其止殺之漸乎。佛敎敎人。可生而不可殺。可不思耶。諒哉。

大信近也。小信遠也。近反遠。遠反近。情蔽而然也。天下莫近乎心。天下莫遠乎物。人夫不信其心而信其物。不亦近反遠。遠反近乎。不亦迷繆倒錯乎。心也者。聰明叡智之源也。不得其源。而所發能不繆乎。聖人所以欲人自信其心也。信其心而正之。則爲誠。常爲誠善。爲誠孝。爲誠忠。爲誠仁。爲誠慈。爲誠和。爲誠順。爲誠明。誠明。則感天地。振鬼神。更死生變化而獨得。

是不直感天地。動鬼神而已矣。將又致乎聖人之大道者也。是故聖人以信其心爲大也。夫聖人博說之約說之。直示之。巧示之。皆所以正人心而與人信也。人而不信聖人之言。乃不信其心耳。自棄也。自惑也。豈謂明乎哉。賢乎哉。

修多羅藏者。何謂也。合理也。經也。經也者。常也。貫也。攝也。顯乎前聖後聖所說皆然。莫善乎常也。持義理而不亡。莫善乎貫也。總羣生而教之。莫善乎攝也。阿毗曇藏者。何謂也。對法也。論也。論也者。判也。辨也。發明乎聖人之宗趣。莫善乎辨。指其道之淺深。莫善乎判毘尼藏者何謂也戒也律也律也者制也啟眾善遮眾惡莫善乎制也人天乘者何謂也漸之漸也導世俗莫盛乎至漸聲聞乘者何謂也權也漸也小道也緣覺乘者何謂也亦小道也從其器而宜之莫盛乎權與其進而不與其退莫盛乎漸菩薩乘者何謂也實也頓也大道也即人心而授大道莫盛乎菩薩乘也其乘與妙覺通其殆庶幾者也四輪者何謂也曰風也曰水也曰金也曰地也四輪也者天地之所以成形也觀乎四輪則天地之終始可知也三界者何謂也曰欲也曰色也曰無色也三界也者有情者

之所依也。觀乎三界則六合之內外可詳而不疑也。六道者何謂也。曰地獄也。曰畜生也。曰餓鬼也。曰修羅也。曰人也。曰天也。六道也者善惡心之所感也。觀乎六道則可以慎其爲心也。四生者何謂也。曰胎也。曰卵也。曰濕也。曰化也。四生也者情之所成也。觀乎四生則可以知形命之所以然也。何家無敎何書無道。道近而不道遠。天下何以知遠乎。敎人而不敎他類。物其有所遺乎。夫幽者遠者。固人耳目之所不及也。惚恍者飛潛者。固人力之不能卹也。人之不能及。宜聖人能及之。人之不能卹。宜聖人能卹之。聖人不能及天下。其終昧夫幽遠者耶。聖人不能卹。含靈者將淪而無所拯乎。是故聖人之教。遠近幽明。無所不被。無所不著。天下其廣大悉備者。孰有如吾聖人之教者也。

天之至高。地之至遠。鬼神之至幽。修吾聖人之法。則天地應之。舉吾聖人之言。則鬼神順之。天地與聖人同心。鬼神與聖人同靈。蓋以其類相感而然也。情不同則人睽。類不同則物反。非其道則孺子不從。今夫感天地。振鬼神。得乎百姓夷狄。亘古今而其心不離。則吾聖人之道。其大通大至。斷可見矣。

佛者何謂也。正乎一者也。人者何謂也。預乎一者也。佛與人。一而已矣。萬物之謂者名也。至理之謂者實也。執名而昧實。天下其知至乎。道在乎人。謂之因道在乎佛。謂之果。因也者言乎未至也。果也者言乎至也。至則正矣。正則無所居。而不自得焉。佛乎。豈必形其形。迹其迹。形迹者。乃存其教耳。教也者。爲其正之之資也。別萬物莫盛乎名。同萬物莫盛乎實。聖人以實教人。欲人之大同也。聖人以遺名勸人。防人之大異也。觀夫聖人之所以教。則名實之至。斷可見矣。

何人無心。何人無妙。何教無道。何道無中。槩言乎中。

則天下不趨其至道。混言其妙。則天下不求其至心。不盡乎至心至道。則僞者狂者矜者慢者。由此而不修也。生者死者。因循變化。由此而不警也。妙有妙有大妙。中有事中。有理中。夫事中也者萬事之制中者也。理中也者性理之至正者也。夫妙也者妙之者也。大妙也者妙之又妙者也。妙者百家者皆然。而未始及其大妙也。大妙者唯吾聖人推之極乎衆妙者也。夫事中者。百家者皆然。吾亦然矣。理中者。百家者雖預中。而未始至中。唯吾聖人正其中。以驗其無不中也。曰心。曰道。名焉耳。曰中。曰妙。語焉耳。名與言雖異。

而至靈一也。一即萬。萬即一。一復一。萬復萬。轉之展之。交相融攝。而浩然不窮。大妙重玄。其如此也矣。夫故其擲大千於方外。納須彌於芥子。而至人不疑。曰妙而已矣。曰中而已矣。又何以加焉。曰海固深矣。而九淵深於海。夷貉之子豈諒於戲。

教不可泥。道不可罔。泥教淫迹。罔道棄本。泥也者過也。罔也者不及也。過與不及。其爲患一也。聖人所以爲理必誠。爲事必權。而事與理。皆以大中得也。夫事有宜。理有至。從其宜而宜之。所以爲聖人之教也。即其至而至之。所以爲聖人之道也。梁齊二帝。梁武。齊文宣也。

反其宜而事教。不亦泥乎。魏周二君。魏武周武泯其至而預道。不亦罔乎。夫聖人之教。善而已矣。夫聖人之道。正而已矣。其人正人之。其事善事之。不必僧。不必儒。不必彼。不必此。彼此者情也。僧儒者迹也。聖人垂迹。所以存本也。聖人行情。所以順性也。存本而不滯迹。可以語夫權也。順性而不溺情。可以語夫實也。昔者石虎以柄國殺罰。自疑其事佛無祐。而佛圖澄乃謂石虎曰。王者當心體大順。動合三寶。如其兇愚。不爲教化所遷。安得不誅。但刑其可刑。罰其可罰者。脫刑罰不中也。雖輕財奉佛。何以益乎。宋文帝謂求那跋摩曰。孤媿身徇國事。雖欲齋戒不殺。安得如法也。跋摩曰。帝王與匹夫所修。當異。帝王者。但正其出言發令。使乎人神悅和。人神悅和。則風雨順。風雨順。則萬物遂其所生也。以此持齋。齋亦至矣。以此不殺。德亦大矣。何必輟半日之飡。全一禽之命。爲之修乎。帝撫凡稱之曰。俗迷遠理。僧滯近教。若公之言。眞所謂天下之達道。可以論天人之際矣。圖澄跋摩。古之至人也。可謂知權乎。

聖人以五戒之導世俗也。教人修人以種。人修之則在其身。種之則在其神。一爲而兩得。故感人心而天下化之與人順理之謂善從善無迹之謂化善之故人慕而自勸化之故在人而不顯故天下不可得以校其功天下不可得以議其德然天下鮮惡孰知非因是而損之天下多善孰知非因是而益之有謂佛無所助夫王者之治天下者此不睹乎理者也

善不修則人道絶矣性不明則神道滅矣天地之往往者神也萬物之靈族者人也其神暗生生者所以異也其人失靈族者所以衰也聖人重人道所以推善而益之也聖人重神道所以推性而嗣之也人者天者聖人者孰不自性而出也聖人者天者人者孰

不自善而成也所出者固其本也所成者固其敎也眾成之大成者也萬本之大本者也聖人以性嗣蓋與天下厚其大本也聖人以善益蓋與天下務其大成也父母之本者次本也父母之成者次成也次本次成能形人而不能使其必人也必人必神必先其大本大成也而然後及其次本次成是謂知本也夫天下以父子夫婦爲人道者是見人道之緣而不見其因也緣者近也因者遠也夫天下知以變化自然爲乎神道者是見其然而不見其所以然也然者顯也所以然者幽也是故聖人推其所以然者以盡神

道之幽明也。推其遠而略其近者。以驗人道之因果也。聖人其與天下之終始乎。聖人不自續其族。舉人族而續之。其爲族。不爲大族乎哉。聖人不自嗣其嗣。舉性本而與天下嗣之。其爲嗣不亦大嗣乎哉。

教謂布施。何謂也。布施吾原教雖論而未盡。此盡之也。布施也者。聖人之欲人爲福也。夫福豈有象耶。在其爲心之善不善耳。貪婪慳悋者。心之不善者也。濟人惠物者。心之善者也。善心感之則爲福。不善心感之則爲極。福極之理。存乎儒氏之皇極矣。皇極者。蓋論而不議者也。夫布施之云爲者。聖人欲人發其感福之心也。其發之者有優劣、則應之者有厚薄。以佛事而發其施心者優也、以世事而發其施心者劣也。聖人欲人之福必厚。故先優而後劣。劣者謂之卑、優者謂之勝。儒曰、福者備也。備者百順之名也、無所不順之謂備。此道其緣。而不道其因、非因、則天下不知其所以爲福也、所種之地薄。則所成之物不茂、所種之地嘉。則所成之物必碩也矣。是故聖人示人之勝劣。豈有所苟乎。如以財而施人者、其福可量也。以法而施人者、其福不可量也。可量者、并世而言之也。不可量者。以出世而言之也。

教必尊僧何謂也僧也者以佛爲性以如來爲家以法爲僧以慧爲命以禪悅爲食故不恃俗氏不營世家不修形骸不貪生不懼死不溽乎五味其防身有戒攝心有定辨明有慧語其戒也潔清三惑而畢身不汙語其定也恬思慮正神明而終日不亂語其慧也崇德辨惑而必然以此修之之謂因以此成之之謂果其於物也有慈有悲有大誓有大惠慈也者常欲安萬物悲也者常欲拯衆苦誓也者誓與天下見眞諦惠也者惠羣生以正法神而通之天地不能掩密而行之鬼神不能測其演法也辯說不滯其護法

也奮不顧身能忍人之不可忍能行人之不能行其正命也丐食而食而不爲恥其寡欲也糞衣綴鉢而不爲貧其無爭也可辱而不可輕其無怨也可同而不可損以實相待物以至慈修已故其於天下也能必和能普敬其語無妄故其爲信也至其法無我故其爲讓也誠有威可敬（敬或作警）有儀可則天人望而儼然能福於世能導於俗其忘形也委禽獸而不悋其讀誦也冒寒暑而不廢以法而出也遊人間徧聚落視名若谷響視利若游塵視物色若陽豔煦嫗貧病瓦合輿儓而不爲卑以道而處也雖深山窮谷草其

衣木其食晏然自得不可以利誘不可以勢屈謝天子諸侯而不爲高其獨立也以道自勝雖形影相弔而不爲孤其羣居也以法爲屬會四海之人而不爲混其可學也雖三藏十二部百家異道之書無不知也他方殊俗之言無不通也祖述其法則有文有章也行其中道則不空不有也其絶學也離念淸淨純眞一如不復有所分別也僧乎其爲人至其爲心溥其爲德備其爲道大其爲賢非世之所謂賢也其爲聖非世之所謂聖也出世殊勝之賢聖也僧也如此可不尊乎

以世法籍僧何謂也。籍僧者非古也。其暴周之意耳。僧也者遠塵離俗。其本處乎四民之外。籍僧乃民畜僧也。吾聖人之世。國有僧以僧法治。國有俗。以俗法治。各以其法而治之也。未始聞以世法而檢僧也。豈非聖人既隱。其道大衰。其徒汙雜太甚。輔法不勝其人而然乎。羽嘉生應龍。應龍生鳳皇。鳳皇生衆鳥。物久乃變。其勢之自然也。既變則不可不制也。制乎在於區之別之。邪正曲直。不可槩視也。石有玉。草有蘭。人乎豈謂無其聖賢耶。旌一善則天下勸善。禮一賢則天下慕賢。近古之高僧者。見天子不名。豫制書則曰師曰公鍾山僧遠鑾輿及門而牀坐不迎虎溪慧遠天子臨潯陽而詔不出山當世待其人尊其德是故其聖人之道振其徒尙德儒曰貴德何爲也爲其近於道也儒豈不然哉後世之慕其高僧者交卿大夫尙不待預下士之禮其出其處不若庸人之自得也況如僧遠之見天子乎況如慧遠之自若乎望吾道之興吾人之修其可得乎存其教而不須其人存諸何以益乎惟此未嘗不涕下

教謂住持者何謂也住持也者謂藉人持其法使之永住而不泯也夫戒定慧者持法之具也僧園物務

者持法之資也法也者大聖之道也資與具待其人而後舉善其具而不善其資不可也善其資而不善其具不可也皆善則可以持而住之也昔靈山住持以大迦葉統之竹林住持以身子尸之故聖人之教盛聖人之法長存聖人既隱其世數相失茫然久乎吾人儌倖乃以住持名之勢之利之天下相習沓焉紛然幾乎成風成俗也聖人不復出其孰爲之正外衛者不視不擇欲吾聖人之風不衰望聖人之法益昌不可得也悲夫吾何望也

僧置正而秩比侍中何謂也置正非古也其姚秦之

所始也。置正可也。置秩不可也。僧也者委榮利以勝德高世者也。豈預寵祿乎。與僧比秩。不亦造端。引後世之競勢乎。道詔不明。不知窒其漸。道詔之過也。夫僧也者。出於戒定慧者也。夫正也者。出於誠明者也。僧非誠明。孰能誠戒誠定誠慧也。不成乎戒定慧。則吾不知其所以爲正也。宋齊梁陳四代。亦沿秦而置正。二魏高齊後周。革秦之制而置統。隋承乎周。亦置之統。唐革隋則罷統而置錄。國朝沿唐之制。二京則置錄。列郡則置正。夫古今沿革雖異。而所尸一也。天下難於得人。而古今皆然。果得其正。則吾人庶幾無邪也。慎之乎。慎之乎。難其人乎。

有形出無形。無形出有形。故至神之道。不可以有尋。不可以無測。不可以動失。不可以靜得。聖人之道空乎。則生生奚來。聖人之道不空乎。則生孰不泯。善體乎空。不空。於聖人之道其庶幾乎。夫驗空莫若審有形。審有形莫若知無形。知無形則可以窺神明。窺神明始可以語道也。道也者。神之蘊也。識之所自出也。識也者。大患之源也。謂聖人之道空。此乃溺乎混茫之空也。病益病矣。天下其孰能治之乎哉。

天下不信性爲聖人之因。天下不信性爲聖人之果。

天下惑性而不知修性，天下言性而不知見性。不信性與聖人同因，自昧也；不信性與聖人同果，自棄也。不修性而性溺惑也，不見性而其言性非審也。或無上二而字是故指修莫若乎因，尅成莫若乎果，全性莫若乎修，審性莫若乎證。因也者，修性之表也；果也者，成性之效也；修也者，治性之具也；證也者，見性之驗也。天下其心方散之、亂之、惰之、慢之，謂不必因而罔其表者，則天下何以勸其修性而趨其成乎？天下之心方疑之、惑之而不定也，謂不必果而罔其效者，則天下何以示其成性而顯其果有所至乎？謂不必修而罔其具者則天下其性能不蔽而果明且淨乎天下之有見無見斷見常見其說方紛然相糅而不辨謂不必證而罔其驗者則天下何以別其見性之正乎邪乎至哉不至哉百家者皆言性而不事乎因焉果焉修焉證焉其於性也果效白乎諸子務性而不求乎因也果也修也證也其於性果能至之乎是故吾之聖人道性必先夫因果修證者也旨哉天下可以思之矣

聖人之教存乎道聖人之道存乎覺覺則明不覺則不明不明則羣靈所以與聖人相間也覺也者非漸

覺也。極覺也。極覺乃聖人之能事畢矣。覺之之謂佛。況之之謂乘。覺之以成乎聖人之道。乘之以至乎聖人之域。前聖也。後聖也。孰不然乎哉。稽聖人之所覺。在乎羣生之常覺也。衆生日覺而未始覺。覺猶夢曉而猶昧。是故聖人振而示之。欲其求之。引而趨之。欲其至之。人夫謂佛。何拒而訩之。爲家而投琢。蹈路而捨地。惑亦甚矣。覺也者。以言乎近。則息塵勞。靖神明。正本以修末。以言乎遠。則了大偽。外死生。至寂而常明。閑閑與聖人同德。覺之效也如此。大哉至乎。不可以言盡。不可以智得。神而明之。存乎其人。

吾聖人之作。當周之盛世也。瑞氣見乎昭王。而周書不書。避異也。化人自西極而至。將穆王以神游。聖人其兆於諸夏也。十八異僧如秦。而始皇怪之。佛法其東播之漸也。夢於漢。而聲教遂振。其冥數之當興也。出於彼而不出於此。何也。以彼一天下之大中也。將表其心。其權其道之大中乎。聖人以道。作以權適宜。以所出示迹。夫道也者。聖人之理中也。權也者。聖人之事中也。所出也者。聖人之示中也。示中則聖人之心可知也。理中則聖人之道之至也。事中則聖人之事之得也。傳謂彼一天下其所統者若中國之所謂其天下者殆有百數而中國者以吾聖人非出中國而夷之豈其所見之未博乎春秋以徐伐莒不義乃夷狄之以狄人與齊人盟于刑得義乃中國之春秋固儒者聖人之法也豈必以所出而議其人乎然類不足以盡人迹不足以盡道以類而求夫聖人不亦繆乎以迹而議夫聖人之道不亦妄乎聖人見乎五帝三王之後而不見乎五帝三王之先何謂也聖人非苟見也聖人以人心所感而見也五帝三王之前羣生之心不感而聖人不來也五帝三王之後羣生之心感聖人之迹所以至也道在衆生之謂因道在

聖人之謂緣。因緣有稔焉。有未稔焉。因緣稔矣。雖衆生不求。而聖人必至。因緣未稔。雖羣生求之。而聖人不應。是知聖人與衆生。蓋以道而自然相感。非若世之有所爲者。以情而取之。以情而舍之也。

聖人之知遠。至遠也。聖人之先覺。至覺也。是故其教推索乎太極之前。却道乎天地之更始。故其書。爲博爲多。爲不約。浩浩乎。不可以一往求。不可以一日盡。治其書之謂學。學其教之謂審。審其道之謂至。天下非至無本。非教無明。非書無知。是故研聖人之道者。不可捨其教也。探聖人之教者。不可捐其書也。今辨其道。而距其教。校其教。而不顧其書。不亦妄乎。儒曰。雖有嘉肴弗食。不知其旨也。雖有至道弗學。不知其善也。不其然哉。謂其道不足法。推已道以辨之。謂其書不足詳。援已書以較之。夫與鄉人訟。而引家人證。當乎。必也不當矣。道也者。天下之本也。書也者。天下之迹也。事也者。天下之異也。理也者。天下之同也。以理而質事。天下之公也。尋迹以驗本。天下之當也。夫委書而辨道。舍理而斷事。天下若此。而爲之者。公乎當耶。

古之有聖人焉。曰佛。曰儒。曰百家。心則一。其迹則異。

夫一焉者其皆欲人爲善者也異焉者分家而各爲其教者也聖人各爲其教故其教人爲善之方有淺有奧有近有遠及乎絶惡而人不相擾則其德同焉中古之後其世大漓佛者其教相望而出相資以廣天下之爲善其天意乎其聖人之爲乎不測也方天下不可無儒無百家者不可無佛虧一教則損天下之一善道損一善道則天下之惡加多矣夫教也者聖人之迹也爲之者（本或無之）聖人之心也見其心則天下無有不是循其迹則天下無有不非是故賢者貴知夫聖人之心文中子曰觀皇極讜議知佛教可以

一矣。王氏殆見聖人之心也。

鐔津文集卷第二

音釋

醯雞上音希醯雞蠛蠓似蚊 甕瓿下普厚切 嫗音飫去聲 煦音虛去聲 䂞音署

卹恤同 秩音帙

鐔津文集卷第三

藤州鐔津東山沙門契嵩撰

輔教編下

孝論

叙曰。夫孝諸教皆尊之。而佛教殊尊也。雖然。其說不甚著明於天下。蓋亦吾徒不能張之。而吾嘗慨然甚媿。念七齡之時。吾先子方啟手足。卽命之出家。稍長。諸兄以孺子可教。將奪其志。獨吾母曰。此父命不可易也。逮攝衣將訪道于四方。族人留之。亦吾母曰。汝已從佛。務其道宜也。豈以愛滯汝。汝其行矣。嗚呼。生我父母也育我父母也吾母又成我之道也昊天罔極何以報其大德自去故鄉凡二十七載未始不欲南還墳隴修法爲父母之冥贊猶不果然辛卯其年自以弘法嬰難而明年鄉邑亦嬰於大盜吾父母之墳廬得不爲其剽暴望之漣然泣下又明年會事益有所感遂著孝論一十二章示其心也其發明吾聖人大孝之奧理密意會夫儒者之說殆亦盡矣吾徒之後學亦可以視之也

明孝章第一

二三子祝髮方事於吾道逮其父母命之以佛子辭

而不往。吾嘗語之曰。佛子情可正。而親不可遺也。子亦聞吾先聖人。其始振也。爲大戒。即曰孝名爲戒。蓋以孝而爲戒之端也。子與戒而欲亡孝。非戒也。夫孝也者。大戒之所先也。戒也者。衆善之所以生也。爲善微戒。善何生耶。爲戒微孝。戒何自耶。故經曰。使我疾成於無上正眞之道者。由孝德也。

孝本章第二

天下之有爲者。莫盛於生也。吾資父母以生。故先於父母也。天下之明德者。莫善於教也。吾資師以教。故先於師也。天下之妙事者。莫妙於道也。吾資道以用。

故先於道也夫道也者神用之本也師也者教詔之本也父母也者形生之本也是三本者天下之大本也白刃可冒也飲食可無也此不可忘也吾之前聖也後聖也其成道樹教未始不先此三本者也大戒曰孝順父母師僧孝順至道之法不其然哉不其然哉

原孝章第三

孝有可見也有不可見也不可見者孝之理也可見者孝之行也理也者孝之所以出也行也者孝之所以形容也脩其形容而其中不修則事父母不篤惠

人不誠修其中而形容亦修豈惟事父母而惠人是亦振天地而感鬼神也天地與孝同理也鬼神與孝同靈也故天地鬼神不可以不孝求不可以詐孝欺佛曰孝順至道之法儒曰夫孝置之而塞乎天地溥之而橫乎四海施之後世而無朝夕故曰夫孝天之經也地之義也民之行也至哉大矣孝之爲道也夫是故吾之聖人欲人爲善也必先誠其性而然後發諸其行也孝行者養親之謂也行不以誠則其養有時而匱也夫以誠而孝之其事親也全其惠人卹物也均孝也者効也誠也者成也成者成其道也効者

効其孝也。爲孝而無効。非孝也。爲誠而無成。非誠也。是故聖人之孝。以誠爲貴也。儒不曰乎。君子誠之爲貴。

評孝章第四

聖人以精神乘變化。而交爲人畜。更古今。混然茫乎。而世俗未始自覺。故其視今牛羊。唯恐其是昔之父母精神之所來也。故戒於殺。不使暴一微物。篤於懷親也。諭今父母。則必於其道。唯恐其更生而陷神乎異類也。故其追父母於既往。則逮乎七世。爲父母慮其未然。則逮乎更生。雖譎然駭世。而在道然也。天下苟以其不殺勸。則好生惡殺之訓。猶可以移風易俗也。天下苟以其陷神爲父母慮。猶可以廣乎孝子愼終追遠之心也。況其於變化。而得其實者也。校夫世之謂孝者。局一世而闇玄覽。求於人。而不求於神。是不爲遠。而孰爲遠乎。是不爲大。而孰爲大乎。經曰應生孝順心。愛護一切衆生。斯之謂也。

必孝章第五

聖人之道。以善爲用。聖人之善。以孝爲端。爲善而不先其端。無善也。爲道而不在其用。無道也。用所以驗道也。端所以行善也。行善。而其善未行乎父母。能溥善乎。驗道而不見其道之溥善。能為道乎。是故聖人之為道也。無所不善。聖人之為善也。未始遺親。親也者。形生之大本也。人道之大恩也。唯大聖人為能重其大本也。報其大恩也。今夫天下之為道者。孰與於聖人。夫聖人之道大臻。巍巍乎獨尊於人天。不可得而生也。不可得而死也。及其應物。亦同乎天人。尚必順乎人道而不敢忘其母之既死。不敢拒其父之見命。故方其成道之初。而登天。先以其道諭其母氏。三月。復歸乎世。應命還其故國。示父於道。而其國皆化。逮其喪父也。而聖人躬與諸釋。負其棺以趨葬。聖人可謂與人道而大順也。今夫方爲其徒於聖人則晚路末學耳。乃欲不務爲孝謂我出家專道則吾豈敢也。是豈見出家之心乎。夫出家者將以道而溥善也。溥善而不善其父母豈曰道耶。不唯不見其心抑亦孤於聖人之法也。經謂父母與一生補處菩薩等故當承事供養故律教其弟子得減衣鉢之資而養其父母。父母之正信者可恣與之其無信者可稍與之。有所訓也矣。

廣孝章第六

天下以儒爲孝。而不以佛爲孝。曰既孝矣又何以加焉。噫。是見儒而未見佛也。佛也極焉。以儒守之。以佛廣之。以儒人之。以佛神之。孝其至且大矣。水固趨下也。洫而決之。其所至不亦速乎。火固炎上也。噓而鼓之。其所舉不亦遠乎。元德秀唐之賢人也。喪其母哀甚不能自效。刺肌瀝血繪佛之像。書佛之經。而史氏稱之。李觀唐之聞人也。居父之憂。刺血寫金剛般若。布諸其人。以資其父之冥。遽有奇香發其舍。郁然連日。及之其鄰。夫善固有其大者也。固有其小者也。夫道固有其淺者也。固有其奧者也。奧道妙乎死生變化也。大善徹乎天地神明也。佛之善其大善者乎。佛

之道其奧道者乎君子必志其大者奧者焉語不曰乎多聞擇其善者而從之

戒孝章第七

五戒始一曰不殺次二曰不盜次三曰不邪淫次四曰不妄言次五曰不飲酒夫不殺仁也不盜義也不邪淫禮也不飲酒智也不妄言信也是五者修則成其人顯其親不亦孝乎是五者有一不修則棄其身辱其親不亦不孝乎夫五戒有孝之蘊而世俗不睹忽之而未始諒也故天下福不臻而孝不勸也大戒曰孝名為戒蓋存乎此也今夫天下欲福不若篤孝

篤孝不若修戒。戒也者。大聖人之正勝法也。以清淨意守之。其福若取諸左右也。儒者其禮豈不曰。我戰則克。祭則受福。蓋得其道矣。其詩豈不曰。愷悌君子。求福不回。是皆言以其正也。夫世之正者猶然。況其出世之正者乎。

孝出章第八

孝出於善。而人皆有善心。不以佛道廣之。則爲善不大。而爲孝小也。佛之爲道也。視人之親猶己之親也。衛物之生猶己之生也。故其爲善則昆蟲悉懷。爲孝則鬼神皆勸。資其孝而處世。則與世和平。而忘忿爭也。貧其善而出世。則與世大慈而勸其世也。是故君子之務道。不可不辨也。君子之務善。不可無品也。中庸曰。苟不至德。至道不凝焉。如此之謂也。

德報章第九

養不足以報父母。而聖人以德報之。德不足以達父母。而聖人以道達之。道也者。非世之所謂道也。妙神明。出死生。聖人之至道者也。德也者。非世之所謂德也。備萬善。被幽。被明。聖人之至德者也。儒不曰乎。君子之所謂孝者。先意承志。諭父母於道。參直養者也。安能爲孝乎。曰。君子之所謂孝也。國人稱願然曰幸哉。有子如此。所謂孝也已。雖然。蓋意同。而義異也。夫天下之報恩者。吾聖人可謂至報恩者也。天下之爲孝者。吾聖人可謂純孝者也。經曰。不如以三尊之教。度其一世二親。書曰。黍稷非馨。明德惟馨。不其然哉。不其然哉。吾從聖人之後。而其德不修。其道不明。吾徒負父母而媿於聖人也夫。

孝畧章第十

善天下。道爲大。顯其親。德爲優。告則不得其道德。不告。則得道而成德。是故聖人輒遁于山林。逮其以道而返也。德被乎上下。而天下稱之曰有子若此。尊其父母曰。大聖人之父母也。聖人可謂畧始而圖終。善行權也。古之君子。有所爲而如此者。吳泰伯其人也。必大志可以張大義。必大潔可以持大正。聖人推勝德於人天。顯至正於九嚮。故聖人之法。不顧乎世嗣。古之君子。有所爲而如此者。伯夷叔齊其人也。道固尊於人。故道雖在子。而父母可以拜之。冠義近之矣。禮曰。已冠而字之。成人之道也。見於母。母拜之。俗固本於眞。其眞已修。則雖僧可以與王侯抗禮也。而武事近之矣。禮曰。介者不拜。爲其拜而蓌拜也。不拜重節也。母拜重禮也。禮節而先王猶重之。大道烏可不

重乎俗曰聖人無父固哉小人之好毀也彼曉然而豈見聖人爲孝之深渺也哉

孝行章第十一

道紀事其母也母遊必以身荷之或與之助而道紀必曰吾母非君母也其形骸之累乃吾事也烏可以勞君耶是可謂篤於親也慧能始鬻薪以養其母將從師患無以爲母儲殆欲爲傭以取貲及還而其母已殂慨不得以道見之遂寺其家以善之終亦歸死于是也故曰葉落歸根能公至人也豈測其異德猶示人而不忘其本也道丕會其世之亂乃負母逃於

華陰山中。丐食以為養。父死於事。而丕往求其遺骸。既至。而亂骨不辨。道丕即祝之。遽有髑髏躍至其前。蓋其父之骸也。道丕可謂全孝也。智藏古僧之勁直者也。事師恭於事父。師沒。則心喪三年也。常超事師中禮。及其沒也。奉之如存。故燕人美其孝悌焉。故律制佛子。必減其衣盂之資。以養父母也。以此諸公。不遺其親。於聖人之意得之矣。智藏常超謹於奉師。蓋亦合於其起教之大戒者也。可法也矣。

終孝章第十二

父母之喪。亦哀。縗絰則非其所宜。以僧服大布可也。

凡處必與俗之子異位過歛則以時往其家送葬或扶或導三年必心喪靜居修我法贊父母之冥過喪期唯父母忌日孟秋之既望必營齋講誦如蘭盆法是可謂孝之終也昔者天竺之古皇先生居父之喪則肅容立其喪之前如以心喪而略其哭踊也大聖人也夫及其送之或舁或導大聖人也夫目犍連喪母哭之慟致饋於鬼神目犍連亦聖人也尚不能泯情吾徒其欲無情耶故佛子在父母之喪哀慕可如目犍連也心喪可酌大聖人也居師之喪必如喪其父母而十師之喪期則有隆殺也唯稟法得戒之師

心喪三年可也。法雲在父母之憂。哀慕殊勝。飲食不入口累日。法雲古之高僧也。慧約殆至人乎。其父母垂死與訣。皆號泣若不能自存。然喪制哭泣。雖我教略之。蓋欲其泯愛惡。而趨清淨也。苟愛惡未忘。遊心於物。臨喪而弗哀。亦人之安忍也。故泥洹之時。其衆撫膺大叫。而血現若波羅奢華。蓋其不忍也。律宗曰。不展哀苦者。亦道俗之同恥也。吾徒臨喪。可不哀乎。

壇經贊　稱經者。自後人尊其法。而非六祖之意也。今從其舊。不敢改易。亦可謂經。則論在其本經下卷之末。

贊者告也。發經而溥告也。壇經者。至人之所以宣其心也何心耶佛所傳之妙心也大哉心乎賫始變化而清淨常若凡然聖然幽然顯然無所處而不自得之聖言乎明凡言乎昧昧也者變也明也者復也變復雖殊而妙心一也始釋迦文佛以是而傳之大龜氏大龜氏相傳之三十三世者傳諸大鑒六祖謚號大鑒禪師大鑒傳之而益傳也說之者抑亦多端固有名同而實異者也固有義多而心一者也曰血肉心者曰緣慮心者曰集起心者曰堅實心者若心所之心益多也是所謂名同而實異者也曰眞如心者曰生滅心者曰煩惱心者曰菩提心者修多羅其類此者殆不

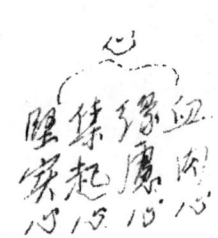

可勝數。是所謂義多而心一者也。義有覺義。有不覺義。心有眞心。有妄心。皆所以別其正心也。方壇經之所謂心者。亦義之覺義。心之實心也。昔者聖人之將隱也。乃命乎龜氏教外以傳法之要。意其人滯迹而忘返。固欲後世者提本而正末也。故涅槃曰。我有無上正法。悉已付囑摩訶迦葉矣。天之道存乎易。地之道存乎簡。聖人之道存乎要。要也者。至妙之謂也。聖人之道以要。則爲法界門之樞機。爲無量義之所會。爲大乘之椎輪。法華豈不曰。當知是妙法。諸佛之秘要。華嚴豈不曰。以少方便。疾成菩提。要乎。其於聖人之道利而大矣哉是故壇經之宗尊其心要也心乎若明若冥若空若靈若寂若惺有物乎無物乎謂之一物固彌於萬物謂之萬物固統於一物一物猶萬物也萬物猶一物也此謂可思議也及其不可思也不可議也天下謂之玄解謂之神會謂之絶待謂之默體謂之冥通一皆離之遣之遣之又遣亦烏能至之微其果然獨得與夫至人之相似者孰能諒乎推而廣之則無往不可也探而裁之則無所不當也施於證性則所見至親施於修心則所詣至正施於崇德辯惑則眞妄易顯施於出世則佛道速成施於救

世則塵勞易歇此壇經之宗所以旁行天下而不厭彼謂卽心卽佛淺者何其不知量也以折錐探地而淺地以屋漏窺天而小天豈天地之然耶然百家者雖苟勝之弗如也而至人通而貫之合乎羣經斷可見矣至人變而通之非預名字不可測也故其顯說之有倫有義密說之無首無尾天機利者得其深天機鈍者得其淺可擬乎可議乎不得已況之則圓頓教也最上乘也如來之淸淨禪也菩薩藏之正宗也論者謂之玄學不亦詳乎天下謂之宗門不亦宜乎壇經曰定慧爲本者趨道之始也定也者靜也慧也

者明也明以觀之靜以安之安其心可以體心也觀其道可以語道也一行三昧者法界一相之謂也謂萬善雖殊皆正於一行者也無相爲體者尊大戒也無念爲宗者尊大定也無住爲本者尊大慧也夫戒定慧者三乘之達道也夫妙心者戒定慧之大資也以一妙心而統乎三法故曰大也無相戒者戒其必正覺也四弘願者願度度苦也願斷斷集也願學學道也願成成寂滅也滅無所滅故無所不斷也道無所道故無所不度也無相懺者懺非所懺也三歸戒者歸其一也一也者三寶之所以出也說摩訶般若

者謂其心之至中也般若也者聖人之方便也聖人之大智也固能寂之明之權之實之天下以其寂可以泯衆惡也天下以其明可以集衆善也天下以其權可以大有爲也天下以其實可以大無爲也至矣哉般若也聖人之道非夫般若不明也不成也天下之務非夫般若不宜也不當也至人之爲以般若振不亦遠乎我法爲上上根人說者宜之也輕物重用則不勝大方小授則過也從來黙傳分付者密說之謂也密也者非不言而闇證也眞而密之也不解此法而輒謗毀謂百劫千生斷佛種性者防天下亡其

心也。偉乎。壇經之作也。其本正。其迹効。其因眞。其果不謬。前聖也。後聖也。如此起之。如此示之。如此復之。浩然沛乎。若大川之注也。若虛空之通也。若日月之明也。若形影之無礙也。若鴻漸之有序也。妙而得之之謂本。推而用之之謂迹。以其非始者始之之謂因。以其非成者成之之謂果。果不異乎因。謂之正果也。因不異乎果。謂之正因也。迹必顧乎本。謂之大用也。本必顧乎迹。謂之大乘也。乘也者。聖人之喻道也。用也者。聖人之起教也。夫聖人之道。莫至乎心。聖人之教。莫至乎修。調神入道。莫至乎一相止觀。軌善成德。

莫至乎一行三昧。資一切戒莫至乎無相。正一切定莫至乎無念。通一切智莫至乎無住。生善滅惡莫至乎無相戒。篤道推德莫至乎四弘願。善觀過莫至乎無相懺。正所趣莫至乎三歸戒。正大體裁大用莫至乎大般若。發大信務大道莫至乎大志。天下之窮理盡性莫至乎默傳。欲心無過莫善乎不謗。定慧爲始道之基也。一行三昧德之端也。無念之宗解脫之謂也。無住之本般若之謂也。無相之體法身之謂也。無相戒戒之最也。四弘願願之極也。無相懺懺之至也。三歸戒眞所歸也。摩訶智慧聖凡之大範也。爲上上根人說直說也默傳傳之至也戒謗戒之當也夫妙心者非修所成也非證所明也本成也本明也以迷明者復明所以證也以背成者復成所以修也以非修而修之故曰正修也以非明而明之故曰正證也至人闇然不見其威儀而成德爲行藹如也至人頹然若無所持而道顯於天下也蓋以正修而修之也以正證而證之也于此乃曰罔修罔證罔因罔果穿鑿叢脞競爲其說繆乎至人之意焉噫放戒定慧而心趨乎混茫之空則吾未如之何也甚乎舍識溺心而浮識識與業相乘循諸響而未始息也象之形之

人與物偕生。紛然乎天地之間。可勝數耶。得其形於人者。固萬萬之一耳。人而能覺。幾其鮮矣。聖人懷此雖以多義發之。而天下猶有所不明者也。聖人救此雖以多方治之。而天下猶有所不醒者也。賢者以智亂。不肖者以愚纏。平平之人以無記惛。及其感物而發。喜之怒之哀之樂之。益蔽者萬端曖然。若夜行。而不知所至。其承於聖人之言。則計之卜之。若蒙霧而望遠。謂有也。謂無也。謂非有也。謂非無也。謂亦有也。謂亦無也。以不見而卻蔽。固終身而不得其審焉。海所以在水也。魚龍死生在海。而不見乎水。道所以在心也其人終日說道而不見乎心悲夫心固微妙幽遠難明難湊其如此也矣聖人旣隱天下百世雖以書傳而莫得其明驗故壇經之宗舉乃直示其心而天下方知卽正乎性命也若排雲霧而頓見太淸若登泰山而所視廓如也王氏以方乎世書曰齊一變至於魯魯一變至於道斯言近之矣涅槃曰始從鹿野苑終至跋提河中間五十年未曾說一字者示法非文字也防以文字而求其所謂也曰依法不依人者以法眞而人假也曰依義不依語者以義實而語假也曰依智而不依識者以智至而識妄也曰依了

義經不依不了義經者以了義經盡理也而菩薩所謂即是宣說大涅槃者謂自說與經同也聖人所謂四人出世(即四依也)護持正法應當證知者應當證知故至人推本以正其末也自說與經同故至人說經如經也依義依了義經故至人顯說而合義也合經也依法依智故至人密說變之通之而不苟滯也示法非文字故至人之宗尚乎默傳也聖人如春陶陶而發之也至人如秋濯濯而成之也聖人命之而至人効之也至人固聖人之門之奇德殊勲大也夫至人者始起於微自謂不識世俗文字及其成至也方一

席之説而顯道救世與乎大聖人之云爲者若合符契也固其玄德上智生而知之將自表其法而示其不識乎死殆四百年法流四海而不息帝王者聖賢者更三十世求其道而益敬非至乎大聖人之所至天且厭之久矣烏能若此也予固豈盡其道幸蚊蝱飲海亦預其味敢稽首布之以遺後學者也

眞諦無聖論

眞諦者何極妙絶待之謂也聖人者何神智有爲之謂也有爲則以言乎權絶待則以詣乎實實之所以全心而泯迹權之所以攝末而趨本然則眞諦也者

豈容擬議於其間哉。聊試寓言以明其蘊耳。夫眞諦者羣心之元心也。衆聖之實際也。如也非如也非非如也。隱羣心而不昧。現聖智而不曜。神明不能測。巧歷不能窮。故般若曰第一眞諦。無成無得。言其體而存之。則淸淨空廓。聖凡泯然。言其照而用之。則彌綸萬有。鼓舞羣動。然則體而存之。若其本乎。照而用之。似其末乎。當其心冥於至本也。默乎淸淨。而絕聖棄智。是亦宜爾。所謂第一義諦。廓然空寂。無有聖人。孰爲繆乎。而秦人以爲太甚。逕庭不近人情。若無聖人。而知無者誰歟。是亦未諭其微旨也。若夫凡聖知覺者眞諦之影響妄心之攀緣耳存乎影響即凝滯於名數以乎攀緣則眩惑於分別是則非聖而聖而聖人所以大聖無知而知其眞知所以偏知昔人有問於昔人曰云何是第一義諦應曰廓然無聖問者或曰對朕者誰應曰不識然斯人也非昧聖而固不識也蓋不欲人以形言而求乎眞諦者也而問人不悟乃復云云刻舟求劒遠亦遠矣以指標月其指所以在月以言諭道其言所以在道顧言而不顧其道非知道也眎指而不眎其月非識月也所以至人常妙悟於言象之表而獨得於形骸之外淨名默爾而文

殊稱善。空生以無說而說，天帝以無聞而聞。其不然乎。

鐔津文集卷第三

音釋

夔音挫 晼音荒 纕音崔 絰音迭 曖音愛 譎音決

鐔津文集卷第四

藤州鐔津東山沙門契嵩撰

皇極論

天下同之之謂大公。天下中正之謂皇極。中正所以同萬物之心也。非中正所以離萬物之心也。離之則天下亂也。同之則天下治也。善爲天下者。必先持皇極而致大公也。不善爲天下者。必先放皇極而廢大公也。是故古之聖人。推皇極於人君者。非他也。欲其治天下也。教皇極於人民者。非他也。欲其天下治也。朝廷國家者。天下之大體也。富貴崇高者。天下之大勢也。持之得其道則體勢强。持之失其道則體勢弱。
道也者。非他道也。皇極之道也。周之文武。戡削禍亂。
恢大王業。富貴崇高。而父子相繼。卜世之多也。卜年
之永也。雖往古來今。未有其過之者也。其功德聲名。
昭然赫然。光播於無極。所謂持之得其道者也。及乎
夷平莊敬。下堂而致禮諸侯。東遷而苟避戎狄。列國
强横而不能制。富貴崇高而不能尊。岌岌乎將墜其
先王之鴻業也。所謂持之失其道者也。嗚呼。數口之
家。五畝之產。而匹夫匹婦尸之。其爲人至愚也。其爲
治至細也。及其操中正而臨之。故家人親之。鄰里慕

之。其家道之隆。尚可能累世以傳於子孫。況乎備天下之大體。乘天下之大勢。有可致之資。有易爲之勢。用皇極而擧之。孰有不從而服之。豈不摩肩躡足而歸之。詩曰。淑人君子。正是國人。正是國人。胡不萬年。其斯之謂也。或曰。皇極何道也。曰。天道也。地道也。人道也。貫三才而一之。曰。何謂也。曰。天道不中正。則日月星辰不明。風雨霜雪不時。五行錯繆。萬物不生。地道不中正。則山嶽丘陵其崩。江河淮瀆其凝。草木百實不成。城隍屋廬皆傾。人道不中正。則性情相亂。內作狂妄。外作禍害。自則傷其生。他則傷其人也。故雖天之高明廣大。微皇極孰爲天乎。雖地之博厚無疆。微皇極孰爲地乎。雖人得秀氣。而靈於萬物。微皇極孰爲人乎。故皇極非聖人爲之也。蓋天地素有之理也。故人失皇極。而天地之變從之。聖人者。先吾人而得皇極也。故因而推之。以教乎其人也。伊尹曰。予天民之先覺者也。予將以斯道覺斯民也。聖人者。其先覺之謂也。故聖人之所以謹於皇極者。其汲汲之於爲人也。其憂天下之甚也。何哉。舜禹之後。其世益薄。嚚嚚嘌嘌。人孰無過。小者過於其家。大者過於其國。又大者過於其天下。皇極於是振之。乃始推行於九疇。武王得之以造周之天下。天下既大且久也。所以五福六極者。繫一身之皇極也。休徵咎徵者。繫一國一天下之皇極也。皇極其可離乎。吁。人莫不舉衡石以正金之輕重。引繩墨以正木之曲直。及其所以爲身也。爲天下國家也。而不知舉皇極而正之。是聖賢豪傑之智。反出乎匠氏百工之下。孟子曰。是不爲也。非不能也。夫古之人君。（一作君子）其有爲也。舉皇極而行之。故不遲疑。不猶豫。不稽於神。不裁於人。雖堯以天下與其人。而天下之人。不以非其親而怨堯。雖禹以天下及其子。而天下之人。不以私其親而怨禹。湯一征自葛始而天下信之東面而征西夷怨南面而征北狄怨曰奚爲後我民望之若大旱之望雲霓也而天下亦不以勞其征伐而怨於湯蓋與天下公也舜以匹夫而受人天下周公以天下封其同姓者五十餘國而舜周公未嘗以私己而疑乎天下而天下亦以舜周公公於天下也周有亂臣十人而其國治紂有億兆夷人而其國亡何哉用得中正故不必多也用不中正雖多奚益曰何謂用得中正曰大才授大事小才授小事堪大事者不可以小失棄之宜小事者不可以大成託之詩曰山有榛隰有苓云誰之思

西方美人。彼美人兮。西方之人兮。蓋思周之用人。大小得其宜也。賞罰黜陟者。君人之大權也。號令刑法者。君人之大致也。致不中正。則其民疑。權不中正。則其勢欺。曰。何謂權與致之中正也。曰。賞者所以進公也。不以苟愛而加厚。罰者所以抑私也。不以苟惡而增重。黜者所以懲其過。不以貴賤二其法。陟者所以陟其道。不以毁譽考其人。號令者所以定民。不可輕出而屢改。刑法者所以約民。不可多作而大謹。多作大謹。則人煩而無恩。輕出屢改。則人惑而無準。以毁譽考其人。則愛惡者得以肆其言。以貴賤二其法。則高明者得以恃其勢以苟惡而增重則失在不仁以苟愛而加厚則失在非禮禮者皇極之容也樂者皇極之聲也制度者皇極之器也不舉其器則井田差賦税亂車服宫室上僭下偪不振其聲則人神不和風俗流蕩不昭其容則尊卑無別上下相繆夫皇極者不爲古而有不爲今而無不爲堯舜禹湯而長不爲桀紂幽厲而消唯在其行之者也行之至所以爲帝爲王行之未至所以爲五霸爲諸侯絶而不行所以爲亡國得者爲聖履者爲賢棄而不學者其爲小人哉或曰秦漢其於皇極至之乎曰秦亡其國雖不

論而皇極斷可識矣漢之於皇極觀其書則一一可辨槩而語之亦未之至其在王覇之間也或者以爲然矣

中庸解第一

或曰中庸與禮記疑若異焉夫禮者所以序等差而紀制度也中庸者乃正乎性命之說而已與諸禮經不亦異乎叟從而辨之曰子豈不知夫中庸乎夫中庸者蓋禮之極而仁義之原也禮樂刑政仁義智信其八者一於中庸者也人失於中性接於物而喜怒哀懼愛惡生焉嗜欲發焉有聖人者懼其天理將滅

而人倫不紀也。故爲之禮樂刑政。以節其喜怒哀懼愛惡嗜欲也。爲之仁義智信。以廣其教道也。爲之禮也。有上下内外。使喜者不得苟親。怒者不得苟踈。爲之樂也。有雅正平和之音。以接其氣。使喜與嗜欲者。不得淫泆。爲之刑也。有誅罰遷責。使怒而發惡者。不得相凌。爲之政也。有賞有罰。使哀者得告。懼者有勸。爲之仁也。教其寛厚而容物。爲之義也。教其作事必適宜。爲之智也。教其疎通而知變。爲之信也。教其發言而不欺。故禮樂刑政者。天下之大節也。仁義智信者。天下之大教也。情之發。不踰其節。行之修。不失其教則中庸之道庶幾乎。夫中庸者。立人之道也。是故君子將有爲也。將有行也。必修中庸。然後舉也。飲食可絶也。富貴崇高之勢可讓也。而中庸不可去也。其誠其心者。其修其身者。其正其家者。其治其國者。其明德於天下者。舍中庸其何以爲也。亡國滅身之人。其必忘中庸故也。書曰。道也者。不可須臾離也。可離非道也。其此之謂乎。

中庸解第二

或問曰。所謂禮樂刑政。天下之大節也。仁義智信。天下之大教也。情之作。不踰其節。行之修。不失其教。則中庸之道庶幾乎。僕也冥然未達其意。子復爲我言之。叟曰。孺子有志哉。可聞道也。夫教也者。所以推於人也。節也者。所以制於情也。仁義智信舉。則人倫有其紀也。禮樂刑政修。則人情得其所也。人不暴其生。人之生理得也。情不亂其性。人之性理正也。則中庸之道存焉。故喜怒哀樂愛惡嗜欲。其牽人以喪中庸者也。仁義智信禮樂刑政。其導人以返中庸者也。故曰。仁義智信禮樂刑政。其八者。一於中庸者也。夫中庸也者。不爲也。不器也。明於日月。而不可睹也。幽於鬼神。而不可測也。測或作無唯君子也。故能以中庸全。唯小人也。故能以中庸變全之者。爲善則無所不至也。變之者。爲不善則亦無所不至也。書曰。人皆曰予知。擇乎中庸。而不能期月守也。是聖人豈不欲人之終始於中庸。而愼其變也。舜以之爲人君。而後世稱其聖。顏回以之爲人臣。而後世稱其賢。武王周公以之爲人子。而後世稱其孝。中庸者。豈妄乎哉。噫。後世之爲人君者。爲人臣者。爲人之子孫者。而後世不稱。非他也。中庸之不修故也。

中庸解第三

或問洪範曰。皇建其有極。說者云。大立其有中者也。

斯則與子所謂中庸之道異乎同耶曰與夫皇極大同而小異也同者以其同趨乎治體也異者以其異乎教道也皇極教也中庸道也道也者出萬物也入萬物也故以道爲中也其中庸曰喜怒哀樂之未發謂之中發而皆中節謂之和中也者天下之大本也和也者天下之達道也致中和天地位焉此不亦出入萬物乎教也者正萬物直萬物也故以教爲中也其洪範曰無偏無陂遵王之義無有作好遵王之道無有作惡遵王之路無偏無黨王道蕩蕩無黨無偏王道平平無反無側王道正直會其有極歸其有極

此不亦正直萬物乎夫中庸之於洪範其相爲表裏也猶人之有乎心焉人而無心則曷以形生哉心而無人亦曷以施其思慮之爲哉問曰鄭氏其解天命之謂性云天命謂天所命生人者也是謂性命木神則仁金神則義火神則禮水神則智土神則信考夫鄭氏之義疑若天命生人其性則從所感而有之也感乎木神則仁性也感乎金水火土之神則義禮智信之性也似非習而得之也與子所謂仁義禮智信其於性也必教而成之不亦異乎幸聞其所以然叟曰快哉子之問吾嘗病鄭氏之說不詳而未暇議之

然鄭氏者豈能究乎性命之說耶。夫所謂天命之謂性者。天命則天地之數也。性則性靈也。蓋謂人以天地之數而生。合之性靈者也。性乃素有之理也。情感而有之也。聖人以人之性。皆有乎恩愛。感激。知別。思慮。徇從之情也。故以其教因而充之。恩愛可以成仁也。感激可以成義也。知別可以成禮也。思慮可以成智也。徇從可以成信也。孰有因感而得其性耶。夫物之未形也。則信之與生俱無有也。孰爲能感乎人之既生也。何待感神物而有其性乎。彼金木水火土。其爲物也無知。孰能諄諄而命其然乎。怪哉。鄭子之言

也亦不思之甚矣如其說則聖人者何用教爲而或者黙爾然之

中庸解第四

或曰吾嘗聞人之性有上下猶手足焉不可移也故孔子曰唯上智與下愚不移韓子曰上焉者善焉而已矣下焉者惡焉而已矣孟子曰然則犬之性猶牛之性牛之性猶人之性而與子之謂性者疑若無賢不肖也無人之與畜也混然爲一不辨其上下焉而足可加於首首可置於足顚之倒之豈見其不移者也子何以異於聖賢之說耶叟曰吾雖與子終日云

云。而子猶頑而不曉。將無可柰何乎。予援吾語。而不以心通。能以事責我耶。我雖巧說。亦何以逃于多言之誅乎。仲尼曰。唯上智與下愚不移者。蓋言人有才不才。其分定矣。才而明者。其爲上矣。不才而昧者其爲下矣。豈曰。其性有上下哉。故其先曰。性相近也。習相遠也。而上智與下愚不移。次之。苟以性有上下而不移也。則飲食男女之性。唯在於智者。而愚者不得有之。如皆有之。則不可謂其性定於上下也。韓子之言。其取乎仲尼所謂不移者也。不能遠詳其義。而輒以善惡定其上下者。豈誠然耶。善惡情也。非性也。情有善惡而性無善惡者何也性靜也情動也善惡之形見於動者也孟子之言犬之性猶牛之性牛之性猶人之性者孟氏其指性之所欲也宜其不同也吾之所言者性也彼二子之所言者情也情則孰不異乎性則孰不同乎或曰然則犬牛猶人也衆人猶聖賢也何以見乎衆人與聖賢耶曰子誠不知也犬牛則犬牛矣衆人則衆人矣聖賢則聖賢矣夫犬牛所以爲犬牛者犬牛性而不別也衆人之所以爲衆人者衆人靈而不明也賢人之所以爲賢人者賢人明而未誠也聖人之所以爲聖人者則聖人誠且明也

夫誠也者，所謂大誠也。夫或作大。或作性。中庸之道也。靜與天地同其理，動與四時合其運。是故聖人以之禮也，則君臣位焉，父子親焉，兄弟悌焉，男女辨焉，老者有所養，少者有所教，壯者有所事，弱者有所安，婚娶喪葬，則終始得其宜，天地萬物莫不有其序。以之樂也，朝廷穆穆，天下無憂，陰陽和也，風雨時也，凡有血氣之屬，莫不昭蘇，謌於郊社宗廟，而鬼神來假。以之刑也，則軍旅獄訟理，而四夷八蠻畏其威，其民遠罪而遷善。以之政也，則賢者日進，佞者絶去，制度大舉，聲明文物，可示於後世。仁之則四海安，義之則萬物宜。

智之則事業舉。信之則天下以實應。聖人之以中庸作也。如此。

中庸解第五

或者再拜而前曰。至哉。吾子之言也。而今而後。吾知夫中庸之爲至也。天下之至道也。夫天地鬼神無以過也。吾人非中庸。則何以生也。敢問中庸可以學歟。曰。是何謂歟。孰不可學也。夫中庸也。非泯默而無用也。故至順則變。變則通矣。節者。所以制其變也。學者。所以行其通也。變而適義。所以爲君子。通而失教。所以爲小人。故言中庸者。正在乎學也。然則何以學乎。

曰學禮也學樂也禮樂修則中庸至矣禮者所以正視聽也正舉動也正言語也防嗜欲也樂者所以宣噎鬱也和血氣也視聽不邪舉動不亂言語不妄嗜欲不作思慮恬暢血氣和平而中庸然後仁以安之義以行之智以通之信以守之而刑與政存乎其間矣曰如古之人其孰能中庸也而僕願從其人焉曰由書而觀之則舜也孔子也其次則顏子也子思也武王周公則謂其能以中庸孝也或曰堯與禹湯文武周公豈非聖人耶其上不至堯而下不及禹湯文武周公何謂也曰孔子不言而吾豈敢議焉曰孟軻

學於子思。其能中庸乎。曰。吾不知也。曰。唐世李翱其能中庸乎。曰。翺乎其彷中庸者也。能則未聞也。曰。子能中庸乎。曰。吾之不肖。豈敢也。抑亦嘗學於吾之道以中庸幾於吾道。故竊而言之。豈敢謂能中庸乎。或曰。僕雖不敏。請事斯語。再拜稽首而退。

鐔津文集卷第四

音釋

榛音臻 隰音習 屰音逆 誾音銀 嘌音栗 黜音出 陂音秘

鐔津文集卷第五

藤州鐔津東山沙門契嵩撰

論原

禮樂

禮。王道之始也。樂。王道之終也。非禮無以舉行。非樂無以著成。故禮樂者。王道所以倚而生成者也。禮者。因人情而制中。王者因禮而爲政。政乃因禮樂而明效。人情莫不厚生。而禮樂之養。人情莫不棄死。而禮正之喪。人情莫不有男女。而禮宜之匹。一本作正人情莫不有親疏。而禮適之義。人情莫不用喜怒。而禮理之當人情莫不懷貨利而禮以之節夫禮舉則情稱物也物得理則王政行也王政行則其人樂而其氣和也樂者所以接人心而達和氣也宮商角徵羽五者樂之音也金石絲竹匏土革木八者樂之器也音與器一主於樂也音雖合變非得於樂則音而已矣是故王者待樂而紀其成政也聖人待樂以形其盛德也然則何代無樂與何代無禮與禮愈煩而政愈隳樂愈靡而時愈亂蓋其所制者禮之儀也非得其實也所作者樂之聲也非得其本也夫樂之本者在乎人和也禮之實者在乎物當也昔有虞氏也修五禮

故其治獨至於無爲恩洽動植而鳩鵲之巢可俯而觀乃韶作而鳳凰來格故孔子曰韶盡美矣又盡善也蓋言舜修禮得禮之實也作樂得樂之本也叔孫通制禮事禮之儀者也杜夔修樂舉樂之文者也舉文則宜其治之未臻也事儀則宜乎其政之未淳也夫禮所以振王道也樂所以完王德也故王者欲達其道而不極（作極或作及）於禮欲流其德而不至於樂雖其至聖無如之何也人君者禮樂之所出者也人民者禮樂之所適也所出不以誠則所適以飾虛所出不以躬則所適不相勸是故禮貴乎上行樂貴乎下效

也。夫宗廟之禮所以教孝也。朝覲之禮所以教忠也。享燕之禮所以教敬也。酢醻之禮所以教讓也。鄉飲之禮所以教序也。講教之禮所以教養也。軍旅之禮所以教和也。婚媾之禮所以教順也。斬衰哭泣之禮所以教哀也。夫教者教於禮也。禮者會於政也。政以發樂。樂以發音。音以發義。故聖人治成而作樂也。因音以盛德也。因宮音之沉重廣大以示其聖。因商音之剛厲以示其斷。因角音之和緩以示其仁。因徵音之勁急以示其智。因羽音之柔潤以示其敬。律呂正也。以示其陰陽和也。八風四氣順也。以示其萬物遂也。猶恐人之未睹。故舞而象之。欲其見也。恐人之未悉。故詩以言之。欲其知也。感而化之。則移風易俗。存乎是矣。是先王作樂之方者也。

大政

大政。言其大公也。大公之道在乎天。則君子不苟能也。小人不苟爭也。德裕君。則君之。德裕臣。則臣之。何必苟能。得其生。則生之。得其死。則死之。何必苟爭。世無苟且。則法無所閑也。人無爭奪。則兵無所起也。堯舜之所以揖讓治也。大公者何。推至誠而與天下同適也。聖人大誠。故其所爲。一本無所則大公也。誠以道。則以道傳天下也。誠以正。則以正用其人也。誠爲大。則範法乎天地也。誠爲小。則察微乎神妙也。故能道成。而不私其位也。政成。而不有其功也。育萬物。而不顯其仁也。周萬物。而不遺其智也。故聖人大有爲而無累也。大無爲而化淳也。誠也者。天道也。公也者。人道也。聖人修天道而以正乎人道也。誠者不見也。公者見也。由所見。而審所不見。則聖人之道明矣。堯命四正。其人稱也。物所以遂其時焉。民所以得其死生焉。舜命六官。四岳十二牧。其人當也。故其政亦臻也。教亦顯也。堯有子曰朱。舜有子曰均。二子道不足以在位也迺以天下之賢人也故授之舜也授之禹也蓋以天下爲公而天下之人之民孰爲有苟私而爭也狄人未化而聖人益德而懷諸故德者得其政也政者發其誠也誠者貫乎天地人物鬼神也是故聖人（聖人或作君子）誠之則五材四時罔不若也易曰中孚豚魚吉又曰鳴鶴在陰其子和之我有好爵吾與爾靡之故堯舜之政治所以簡也用人所以當也政簡則無煩法也用當則無妄官也示五刑所以持民之過失而不章也修五禮所以正人之恭敬而不怠也政之大至所以帝也治之大公所以讓也推帝於太上者

品治道而所以勸也歸讓於大德者辨時宜而所以教也後政不至謂之帝可乎治不公謂之禪讓可乎大公之化熄而人甚苟私智以計校欺愚以氣力爭當是時也以帝者化不可也以帝者讓亦不可也故曰賊帝道者自秦始也亂讓德者自漢始也

至政

至政者言其至義也天下以義舉則政有所伸也政或作正邪有所抑也善有所勸也惡有所沮也愛惡是非其事萬端有所決也夫權可以扶義其權雖重必行也義可以行權其義雖輕必舉也權不以義會甚之

則終賊。義不以權扶、失之則必亂。故古之擅大政者、必有其權也、操大柄者、必濟其政也。湯武運大權、其所以扶斯義也。周昭、徐偃、亡大權、故斯義所以愆也。義也者何。域大中、而與天下同適者也。適之得其所、天下謂之有道也。適之非其所、天下謂之無道也。聖人建厥中、以正天下之所適也。其世變而人甚苟私。大則私其國、次則私其家、小則私其身。協義者少也。反義者多也。而後聖懼其爭且亂也、示有刑、非苟暴也。示有兵、非苟殺也。欲驅人而趨其義者也。在執者與人不義、衆得以而去之。與衆不義、官得以而治之。

是故禹湯文武周公此五聖人者謹大政故不苟擅大權也行大權故不苟讓大位也征有扈也放夏桀也殛葛也伐紂也攝天下誅管蔡也以家傳天下而天下之人從而服之而不有怨也蓋其政至矣故逸詩曰棠棣之華偏其反而豈不爾思室是遠而書曰刑期于無刑民協于中時乃功懋哉君子以是不亦慎政而重權乎迨其政之敝也人因之而作勢其權之敝也人資之以爲亂謂政者名在而實亡也謂權者任枉（杜或作奇）而忘正也夷王下堂而交諸侯可謂政之不足也隱公苟讓千乘之國可謂權之不足也齊

桓公以伯自誇可謂權之始邪也周公王以王自降可謂政之始微也夫政之於權猶量之有槩也權之於政猶衡之從石也得其人則正之也非其人則欺之也故道也者待人而隆也孰曰時乎

賞罰

賞罰公王道振也賞罰私王道熄也聖王欲其道行故理其公私也賞罰以正善惡公也賞罰以資喜怒私也公之所以同天下也私之所以異天下也天下同之其道不亦興乎天下異之其道不亦寢乎賞罰者天下之大中也宜與天下共之也王政者所以正

善惡也天下之善不可不賞也天下之惡不可不罰也賞罰中所以爲政也賞也者近乎恩也罰也者近乎威也孰有喜而不欲推其恩耶怒而不欲加其威耶故曰非至公高明之人不可授之以賞罰之權也傳曰可與適道未可與權蓋慎之至也洪範曰無有作好遵王之道無有作惡遵王之路蓋戒之深也周之季非無賞罰也蓋賞罰出其私也出於私所以致天下之亂也以私賞則恩歸乎私者也以私罰則威在乎私者也威以驅衆衆必隨之恩以懷衆衆必效之衆人無常心與利害而推移其利則苟附也害則

苟免也。擇之正僞。其亦寡矣。古人譬之牛馬。唯妻委已者也。柔焉媚之。與衆爲之。不可沮也。夫賞罰者。先王行道之大權也。欲道之行。則不可俾賞罰之權。須臾在私也。小私以之。則瀆是刑也。大私以之。則瀆是兵也。瀆兵。則征伐出於諸侯。自是始也。瀆刑。則政令出於大夫。自是始也。故春秋諸侯專征。而春秋罪之。春秋諸侯專封。而春秋罪之。蓋不與其諸侯之賞罰也。春秋之大夫專取。而春秋罪之。春秋之大夫專與。而春秋罪之。蓋不與其大夫之賞罰也。春秋者。所以示王者之賞罰也。子曰。罪我者。其惟春秋乎。聖人目罪而作春秋。所以懼後世之賞罰者也。

教化

禮義者。教之所存也。習尚者。化之所效也。非所存。則其教不至也。非所效。則其化不正也。是故善教者。必持厥禮義也。慎化者。必防其習尚也。天下不可無教也。百姓不可不化也。爲天下百姓上者。教化其可亡乎。教化。風也。民。飛物也。風其高下。則物從之浮沉也。聖人慮人之流惡而不返。故謹於教化者也。夫教者。生於官政也。化者。成於民俗也。禮義者。示於朝廷國家。而見於天下也。詩曰。周道如砥。其直如矢。君子所履小人所視其所生猶氣脈也所成猶四體也人欲豫其四體而不理其氣脈者未之有也所生者正則所成者端也所視者修則所見者治也是故古之在官政者必先修禮義以正其已而後推諸其人焉人未之從也必自揣其教之未造耶則加修以勸之又未之從也此其淫風邪俗者也始可以舉法以懲其犯禮違義者也湯誥曰其爾萬方有罪在予一人故誅一罪而人明舉一令而人從此所謂教修於上而人化於下也後世則不爾也不治所教而欲其所化也可乎政不正而責人違義教不中而責人犯禮是

亦惑矣。禮也者。中也。義也者。正也。上不中正。而下必欺邪焉。教化之感。蓋其勢之自然也。猶影響之從形聲也。諺曰。形端影直。響順聲和。上二句似文倒及其不直也不順也。責形聲耶。責影響耶。是故君子入國。觀其俗尙。而後議其政治也。

刑法

問曰。在古法寬刑省。而民之過姦者庸寡。後世法謹刑繁。而民之過姦者滿多。斯何故爾。曰。古之以刑法者。存其本。故民過者鮮也。後之以刑法者。存其末。故民過者多也。曰。何謂本末乎。曰。政教者。其本也。刑法者其末也。苟輕本而重末也。與夫灑油救焚。用之雖甚。而其焚愈熾。何由熄哉。或曰。僕也。故不識政教之所以爲本者也。幸吾子盡言之。曰。人之善惡。豈其性之素爾。是物移之而然也。故開之利。則喜焉。推之害。則怒焉。自古聖人知其如是也。制田里。以通其安所生養。致庠塾。以導其爲相孝弟。澤梁交通。教其不相爭利。關譏市平。教其不相欺負。十一之賦。教其效私奉公。爲之禮。以卽其哀樂之情。爲之樂。以正其遺風舊俗。號令。以定其言。刑法。以防其失。不幸有一坐法當刑。而聖人猶求諸己曰。使民如此。蓋朕教之未至。

政之未修而寬之不以刑為禹南狩至蒼梧視其市以罪殺人泣而下車問之左右曰若罪人也不順而至然君王何以傷之禹曰堯舜之人皆以堯舜心為其心今朕為君而人自其心是以痛之也文王之時有虞芮兩國爭封而訟於文王文王詞而釋之既而曰政之不明使其然也而篤務政虞芮由是息訟夫人情孰不愛好而憎惡貪生而懼傷苟同有以得安樂其生得和同其族類得遂性人得美稱豈肯恝然不相從而為之也雖夷貊之人必不能如此之不變也斯古聖人之所以力推於教化者也故古之人鮮

過者善其俗者也蓋其政教之致也政教致故無所
用其刑法者矣君子不得已而用之非專之也孔子
曰道之以德齊之以禮有耻且格道之以政齊之以
刑民免而無耻故曰刑也者成也上古一切而成之
者也刑不預章故民不知法民不知法則無所生其
訟端有虞氏知其後世益薄懼吏巧法苟陳故制五
刑於其書曰流宥五刑鞭作官刑朴作教刑金作贖
刑眚災肆赦怙終賊刑後世其德益衰而書其刑名
不可勝數刑愈繁而民愈惡蓋其本末倒持故也逮
韓非申子商鞅輩苟作慘酷之刑秦人用之未終世

而其國滅亡不暇然。若甫侯之刑。鄧侯之法。以至公而持。尙可以救一世之敝。柰何。又後之俗吏僥倖。文法。從其心以淺深。刑罰。從其情以輕重。夫法者先王所以務禁姦也。及其敝也爲姦。刑者先王所以制沮暴也。及其敝也爲暴。非特爲暴。亦所以引人生暴。非特爲姦。亦所以引人生姦。是故君子之論刑法者重其本而不重其末也。或曰。子之言可謂迂矣。非適時變也。如子之論。宜古而非宜於今也。今之民滋惡。非刑法不能治。古之民尙淳。必教化而可勸。苟尙以教化于今世。則獄犴益豐。而殺人者罔間。曰。子誠通於時。而乃塞於道也。謂時則古猶今也。謂道則善猶惡也。古之民淳。蓋得其道也。今之民僞。蓋失其道也。予患道德之不修。不患其民之不速化。患政教之不臻。不患其民之不淳。詩曰。伐柯伐柯。其則不遠。執斧以伐柯。睨而眡之。猶以爲遠。言道之不遠。可修而至之也。孔子曰。德之流行。速於置郵而傳命。言政教化民之疾也。漢文帝修縣黙爲之政。務於寬厚。恥語人之過失。化行而世無告訐之俗。命張釋之爲廷尉。欲其持法甚輕。於是刑罰大省。歲卒斷獄四百。天下有刑錯之風。唐太宗平世禍亂。欲以文治天下。引房喬杜如晦諸儒輔相力興王道天下遂大治正觀三十年民家外戶不閉嶺表行旅而不裹糧歲卒斷獄不過三十人肆之還家而其人應期畢至當是時也天下亦幾乎刑錯之風然漢唐二世各接乎秦隋舊俗其民也豈唯雅善乎而其教治之如此也豈非在其道而不在其時乎古語曰治天下顧其力行如何耳或人默然再拜而去

公私

公道者導衆也私道者自蹈也公私者殊出而共趨也所謂共趨者趨乎義也公不以義裁（裁或作材）則無以

同天下私不以義處則無以保厥躬義也者一道之闔闢也公私之所以翕張也是故君子言乎公則專乎公道也言乎私則全乎私道也不叛公而資私不效私而亂公故率人而人從守己而已得詩曰豈不懷歸王事靡盬我心傷悲蓋言其得公道也王事靡盬不能蓺稷黍蓋言其失私道也彼君子兮不素飡兮蓋言其不以私而冐公也雨我公田遂及我私蓋言其不以公而忘私也方周衰而私道强也其諸侯也專征其大夫也專政厥禮樂祭祀也顛倒不倫二百餘年庬戎大亂而不沮春秋作故正之公道逮乎

秦氏振試商君之法而公道復强也天下困其賦百姓斃其刑秦不改世尋亦亡矣然公道不必强也私道不必弱也正而已矣王制十一之賦井田則八家九百畝澤梁不禁關譏不征罪人不孥老吾老以及人之老幼吾幼以及人之幼此乃公私之鈞也夫公私也者存乎大也則國家朝廷之謂公也百姓編戶之謂私也存乎小也衆人之謂公也一身之謂私也苟得義焉雖其小者亦可尊也苟不義焉雖其大者亦可卑也漢之孝文以千金而罷露臺可謂卹私也以一弄臣而沮法可謂妨公也唐之太宗方議太子

投力而曰。拜之爾舅與爾。可謂蔽公。而耀私也藺相如之不校廉頗。可謂尊公而卑私也管夷吾之三歸反坫。可謂尊私而卑公也。舅犯。可謂始公也荀息。可謂終公也。王莽。可謂蔑公也。蔑私也。晁錯請削。可謂苟公也。平津。示儉。可謂苟私也霍光。以其寶不討賊可謂不純公也。公儀休。袪其葵織。可謂純公也。曾子寇去而反武城。可謂不苟公也。子路。結纓而死。可謂不苟私也。顏眞卿。以害其死。可謂不用私而屈公也。東夏綺角。四生者。可謂以公而屈私也。黔婁。嚴君平。可謂安其私也。魯連。段干木。可謂不以公而渝其私也。嗚呼。公乎私乎。大也小也。其在物也。豈不昭昭乎。豈自昧而欺其中乎。

論信

人道信爲之端也。人無信。雖道何以敎乎。道推信所以行也。信導道所以達也。君子務道。是故謹於信也。君之信。存乎政也。父之信。存乎親也。師友之信。存乎法也。政惑則民無所信也。親欺則子無所信也。法失。則官學無所信也。故善爲政者。正號令而其民不敢違也。善爲親者。正恩愛而其子不敢疑也。善爲法者。正學行。而其徒不敢不敬也。君子正信也。小人苟信也。正信故久行而不違其道也。苟信。故久與而必失其義也。小人不信天命也。君子不信不義也。不信天命。故妄求而多過也。不信不義。故無妄而自裕也。然則正小人之信。莫若發乎君子之道也。奉君子之信。莫若免乎小人之過也。甚乎後世之無信也。然非人之無信也。其所以爲信者。不足信故也。表達路者。堠書也。表人民者。教令也。堠書惑。則達路者所以迷南北也。教令失。則人民者所以欺上下也。湯武者。有教而天下稟也。有誓而天下從也。是亦其所表端也。爲後世者。出令而自惑。行事而自欺。說道而自反。若是則是示無信于其民也。于其子也。于其徒也。其爲無信。不亦宜乎。恐世失誠。堯舜所以謹信也。恐世失信。湯武所以誥誓也。恐世失誥誓。春秋所以謹盟約也。恐世失盟約。諸侯所以交質子也。然盟愈謹。而渝愈數。質愈重。而亂愈甚。故曰。諸侯苟信而非信。三王推信而招信。五帝懷信而大信。大信。故不令而人自化也。推信。故有令而人自從也。無信。故雖令而人不敬也。不令者。其化誠也。有令者。其敎正也。雖令者。其政亂也。武王伐紂。八百諸侯。不期而會于孟津。武王以大義信于天下。而天下不忍不從也。唐太宗肆當刑之人以期而其人應期皆至太宗以大刑信於天下而天下不敢不服也可信而不信不智也不可信而信不祥也信可信信誠也信不可信信佞也信佞危之也信誠安之也君子之信安危之所繫可不慎乎君子信人之言而不揣人之情也小人揣人之情而不信人之言也

說命

物皆在命不知命則事失其所也故人貴盡理而造命命也者天人之交也故曰有天命焉有人命焉天命者天之所鍾也人命者人之所授也夫天也者三

極之始也。聖人重其始。故總曰天命。天命至矣。人命必矣。至之。雖幽明其有效也。必之。雖貴賤其有定也。貴賤有定。故不可曲求於天也。曲求於天。則廢乎人道也。幽明有效。故不可苟恃乎人也。苟恃乎人。則逆乎天道也。是故古之人有所爲者。不敢欺天命也。有所守者。不敢越人命也。何謂天道乎。天道適順者也。何謂人道乎。人道修敎者也。故古之人德合天道。而天命屬之。德臻人道。而人命安之。春秋先春而次王。此聖人顯王者之尊天命也。以正次王。此聖人明文王法天。而合乎天道也。故得天命者。謂之正統也。廢人道者謂之亂倫也曰正統曷詳哉吾子盡云也曰昔者民阨洪水天下病之禹以勤勞援天下於既溺功德合乎天而天命歸之故謂正統也夏之末也民不勝其虐天下苦之以湯至仁而天命歸之故爲人統也殷之末也如夏文王以至德懷民故天命將歸而武王承之故爲天統也秦也隋也而人苦其敝漢唐始以寬仁振五季僞亂也　吾宋以神武平故天命皆歸焉曰天事幽也莫可聞見接而謂天命也曷以明之耶曰人心歸其德而五行七政順其時者也此舜禹湯武之所以享天下也泰誓曰天視自我民

視天聽自我民聽此所以明天命也異乎後世則推圖讖符瑞謂得其命也用五行相勝謂得其德也五勝則幾乎厭勝也符瑞則幾乎神奇也魏季南北雜然稱制而互謂自得天命也而以兵相夌四海之內夥民如棄芥夫天命者因人心而安人也是則人心歸其德乎五行七政順其時乎雖曰奉天之命其實安天之命者也後世不仁而棄德始異者之致之也坐其罪故不容於刑天命者大命也人命者稟天而成形亦大命也交大命者貴以正氣會會之不得其正也雖成其人非善人也雖成其形非美形也故天

也常乘正而命人。故人也常持正而乘天。如君非得其忠。不可推命於其下。臣非有其職。不可稟命於其上。父命其子必待孝子。奉父命必須恭。天人之道也。古之所謂正統也者。謂以一正而通天下也。統之不正。則天下何以通乎。後之不及乎古者多矣。豈天命之來至乎正也哉。

皇問

或者問曰。今稱皇者。而不列其道眞。學士固疑之而罔辯。雖然百家雜出。君子謂非所信也。是果有然。是果無耶。吾子至學。不謬聖人。必能引。決爲我明之也。

曰是何云乎皇道豈無有耶特乃不見耳夫皇道者簡大無爲不可得而言之也縣縣黙黙合體乎元極元也者四德之冠也五始之本也體而存之聖人之所以化也推而作之聖人之所以教也教也者五帝之謂也化也者三皇之謂也善推教化則皇帝之道皎如也古語云德合元者皇德合天者帝與仁義合者王仁或作人孰曰皇無道眞乎曰如此也孔子盍推而廣之而祖述則何獨尊乎堯舜文武而已矣曰夫聖人之云爲者必以其時之所宜也苟非其宜雖堯舜必不能徒爲也故曰孔子聖之時者也言其能以時

爲而爲之也。昔者。孔子處周之衰世。因酌後世之時。必也益薄且僞。因不稱以簡大之道化。是故推至乎禮。樂。刑。政。者也。蓋以合乎後世之時。爲治之宜也。然禮樂大造莫造乎堯舜者也。刑政大備莫備乎文武者也。此孔子所以推尊乎堯舜文武者也。故皇道者。聖人存而不推也。王道者。聖人推而不讓也。易曰。包犧氏沒。神農氏作。堯舜垂衣裳而天下治。此聖人紀皇道而存之者也。禮曰。大道之行也。與。三代之英。丘未之逮也。而有志焉。此聖人歎皇道而不得行之也。適有羸粮而趨於行者。不審其所以往而趨於行也。

第以路跂相爭。斯雖愚夫亦笑其不知道也。與乎今之學者所以辯。何以異哉。老子莊生亦頗論皇道。而學士嘗以爲聖人之書。雜其所出而鄙之。此亦非詳也。夫皇道也。以易言之。則文王周公其先德也。彼老莊也。又何能始之乎。曰孔氏云伏犧神農皇帝之書。謂之三墳。言大道也。少昊顓帝高辛唐虞之書。謂之五典。言常道也。今子也而論皇帝。而安見其所謂大道。常道者耶。曰彼孔氏者。以迹其教化。而目之也。吾本其道眞而言之也。教化迹也。道本體也。窺迹則宜其有大有常。極本。則皇與帝者宜一。孔氏可謂見其微者也。烏足以知道淵耶。或者曉然而作。

鐔津文集卷第五

音釋

酢音昨　醻音酧　蓺音詣　恝音戛　堠音候　庬音忙　拏音奴

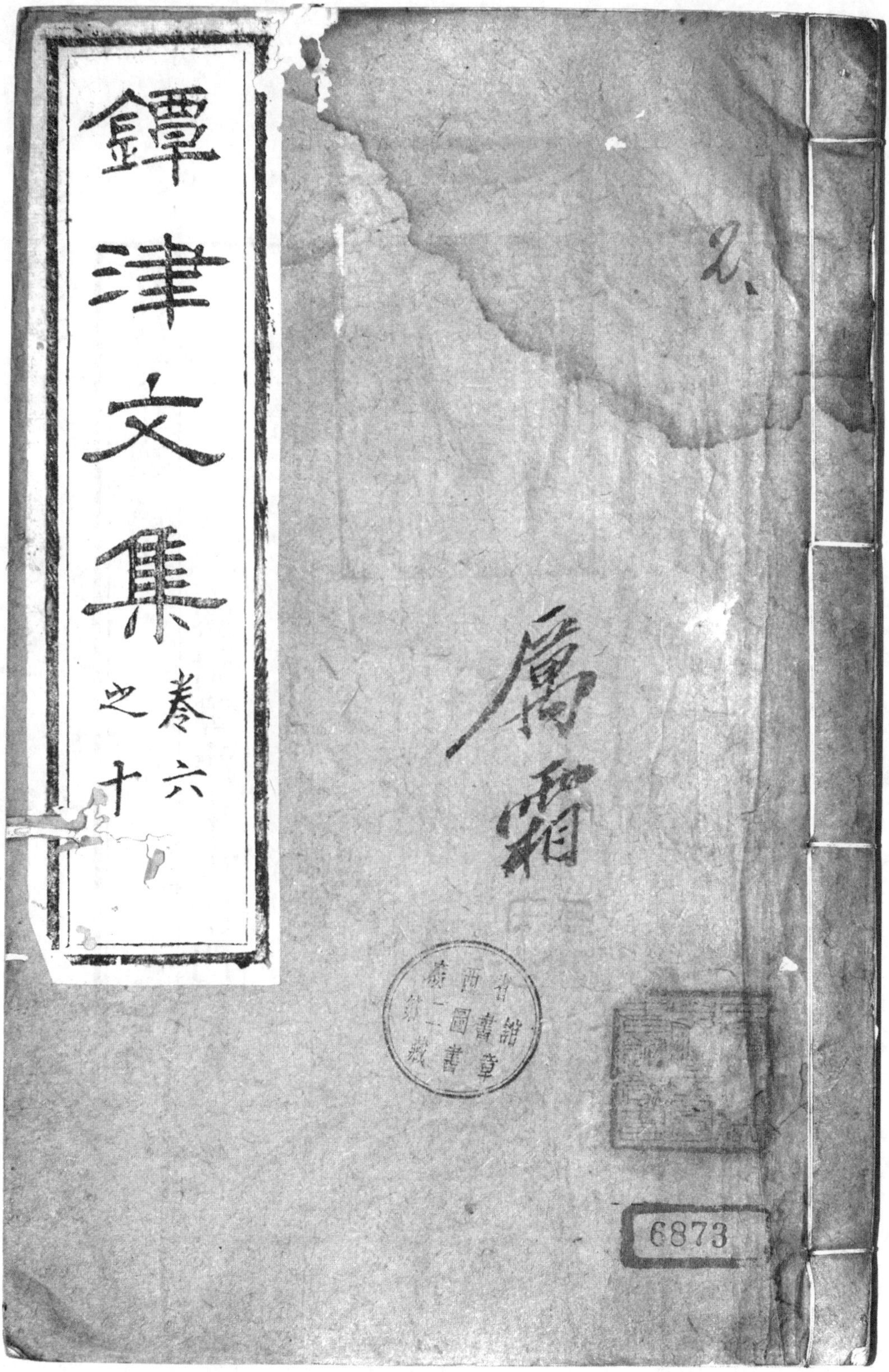
鐔津文集
卷六之十
6873

鐔津文集卷第六

藤州鐔津東山沙門契嵩撰

論原

問兵

客以論兵問而叟愀然曰何是問之相屬也叟野人也安知兵乎客曰謂子其學兼儒儒之道具於文武兵也者武之效也不知兵孰謂之道曰道也者何眞兵亦仁義而已矣客不達且引去叟介然謂席人曰兵者刑也發於仁而主於義也發於仁以仁而憫亂也主於義以義而止暴也以義而止暴故相正而不

相亂以仁而憫亂故圖生而不圖殺是故五帝之兵謂之正刑三王之兵謂之義征義征舉而天下莫不懷也正刑行而天下莫不順也炎帝之後不逞而軒轅氏陳于涿鹿兵未接而其人已服共工氏封豕其民而顓帝伐之亦未戰而遂服湯東面而征西夷怨南面而征北狄怨曰奚爲後我民望之若大旱之望雲霓也紂爲無道而武王征之至於孟津不詔而諸侯會紂有億兆夷人不用於商而用於周周衰而兵道一變所謂仁義者遂妄矣乃發於暴而至於詐强國以兵橫大國以兵驕忿國以兵亂貪國以兵侵齊

始勝於楚而齊後負於晉晉始勝齊而晉復負於秦迭興迭亡類乎博塞之爲玩夫兵逆事也無已則君子用之是故聖人尙德而不尙兵所以明兵者不可專造天下也穀梁子曰被甲嬰冑非所以興國也則以誅暴亂也文中子曰亡國戰兵霸國戰智王國戰仁義帝國戰德皇國戰無爲聖王無以尙可以仁義爲故曰仁義而已矣孤虛詐力之兵而君子不與吾其與乎席人咨嗟曰未之聞也羅拜而罷

評讓

世所謂讓者宜有輕重而學者混一而論之於禮無

別則後世何以取法乎若夫天子以其天下讓諸侯以其國讓卿大夫以爵位讓士庶以名利讓是皆有所以而讓之者也其所以讓之得其正則其禮可取也所以讓之不得其正則其禮何所取乎夫讓也有以時而讓者有以義而讓者有以名而讓者有以勢而讓者有以苟而讓者以時讓者仁以義讓者勸以名讓者矯以勢讓者窮以苟讓者亂魯之隱公其苟讓者也漢之孝平其勢讓者也吳季札曹子臧其名讓者也伯夷其義讓者也堯舜其時讓者也堯之時大同其時可讓故遜于賢而天下戴其仁也故曰以

時讓者仁禹之世浸異其時不可讓於人故其子承之而天下亦戴其仁也太伯伯夷以賢相推而其義可讓也讓之足以勸百世故曰以義讓者勸季札子臧當列國相爭而父子交殘乃以讓名奮所以矯激其時也故曰以名讓者矯漢之孝平迫於强臣之勢而其身窮困殆不能振遂以其天下讓故曰以勢讓者窮魯之隱公不以正讓非其人而苟去之卒至乎淫亂故曰以苟讓者亂孟子曰天與賢則與賢天與子則與子荀子曰堯舜禪讓（或作擅字依荀子文也此乃專擅意也在理當作擅與）是不然也天子勢位至尊無敵於天下者夫禪契

有誰與讓矣。楊子曰。允哲堯擅舜之重。則不輕於由矣。韓子曰。堯舜之傳賢也。欲天下得所也。然四子皆不達乎聖賢之時也。其言孰爲詳乎。如堯非其時。則豈肯以天下讓於他人乎。使禹得堯之時。而天下豈及其子乎。所謂堯舜禹。其奮於萬世之上者。正以其時而爲之者也。堯舜禹。其聖之時者也。嗚呼。後世者。其人自私。甚乎禹之時也。而傳授者不能法禹。曰。吾慕堯舜爲之禪讓。是亦妄矣。其知時乎。

問覇

問者曰。君子稱王。或不稱覇。謂覇執權。謂王修信也。

而霸孰謂無信耶。固疑其道也。幸吾子辯之。使桓文之事皆悉也。曰。王尙德。霸尙功。夫王有權。王者以權而行德也。霸有權。霸者以權而取功也。取功。故其權未必不私也。行德。故其權未必不公也。故公者爲權。而私者爲詐也。王有信誠信也。霸有信假信也。假信故愈久而愈渝。誠信故愈久而愈信。齊桓公方會諸侯。自北杏抵幽十一主盟。而諸侯皆順。其信存也。及城緣陵。而諸侯皆散。其信渝也。晉文公其戰克楚。踐土之盟。以功自高。遂召天王。其章詐也。是故君子稱之。稱其當時之功也。不稱者。（或無者字）惡其詐。且不誠也。

詩稱投我以木瓜報之以瓊琚匪報也永以爲好也善覇之功也子曰管仲之器小哉卑覇之道也中古之覇有異禮而無異道後古之覇有異道而無異禮守職命而不擅征不亦有異禮乎信征伐而尚詐力不亦有異道乎故曰覇非古也亂王政自桓文始也今俗曰覇道適變治者不可不用也仲尼曰管仲相桓公覇諸侯一匡天下民到于今受其賜微管仲吾其被髮左衽矣我其舍諸噫致合天下之猖狂詭譎傅會於孫子吳起之説淫溺而不反者也此誠愚者之言烏足與知聖人之意耶所謂適變者蓋君子因

事而正之以義者也。豈曰以智詐而變正道者也。春秋之譏變古。正以諸侯用私而變公者也。夫至道之世不顯權。至德之世不懷功。懷功。恐其人因功而競利也。顯權。恐其人因權而生詐也。是故堯舜之化淳。而文王之化讓。漢氏曰。吾家雜以王霸而治天下。暫厚而終薄。少讓而多諍。

巽說

易曰。巽以行權。何謂也。曰君子乘大順而擧其事者也。時不順。雖堯舜未始爲也。重巽。順之至也。陽得位而中正。當位也。剛正以用巽。用之當也。故君子爲之也。乘其順。履其中。效其用。其道莫不行也。其物莫不與也。然則時之順。必大權。然後帥其正也。權之作。必大人。然後理其變也。權也者。適變之謂也。夫大人其變也公。小人其變也私。權也者。治亂安危之所繫也。故權也。不可以假人也。孔子曰。可與學。未可與適道。可與適道。未可與立。可與立。未可與權。蓋慎之至也。至順者。大有爲之時也。位中正者。君之位也。剛正則用巽。天下之大權也。唯天子居其位。行其權。以順其時也。用巽。則以制其物也。用巽。不可以示其民。而使知之也。制莫之制則亂也。慎密。則民不知其所以。而姦不生也。故文言曰。同聲相應。同氣相求。水流濕。火就燥。雲從龍。風從虎。聖人作而萬物睹。本乎天者親上。本乎地者親下。則各從其類也。九二曰。巽在床下。蓋言卑而失其正也。不可以用巽也。用巽則物不與而且亂也。上九曰。巽在床下。喪其資斧。其貞凶。蓋言過其時。則用斷不可。是失其權也。九五曰。先庚三日。後庚三日。蓋言慎其出號令也。故號令不可輕發而屢改也。是故用巽。不宜在九二也。上九。用巽固不可也。用或作則或無固字九五。其用巽者也。宜專乎號令者也。

人文

辯者曰。是世文隆。天下其將成乎。其隆者文言也。而文言烏足以驗乎天下成耶。何文其可驗乎。曰必也人文也。易曰。觀乎人文而天下化成。斯之謂也。曰何謂人文乎。曰文武王之道也。文武相濟。以賁人道。故曰人文也。文者德也。武者刑也。德以致大業。刑以扶盛德。德其至也。刑其次也。會文武者所以以文總之。故曰人文也。夫聖人以盛德教天下。而天下保其德也。示大刑所以約之也。既正則停刑而達德也。德也者待刑而輔之也。刑也者待德而忘之也（忘或司字）。是故文武皆得。則其政和。而其民安。刑德皆敝。則其政失。

而其民散。此君子所以見天下之成敗也。吾觀周文。
文武至之也。宣其甚刑而平。其德衰也。吾觀漢文。高
文僅至也。惠其滅德。武其多兵也。吾觀唐文。文皇大
正而小繆也。曰三代之道。有質焉。有文焉。曰文而亡
質。王道其可盡乎。故曰質文者。聖人之所以適變而
救敝也。質文本正。而末敝也。質如不敝。何以文爲。文
如不正。何必質爲。故吾所謂文者。蓋言文治之正也。
孔子曰。虞夏之質。殷周之文至矣。曰言文。將無用乎。
曰孰不用也。人文至焉。言文次焉。以言文而驗其人。
人其廋哉。以人文而驗其世。世其廋哉。故人文者。天

性命之分 必如此解 而後明

下之道之所存也。言文者。聖賢之志之所寓也。先天下而後聖賢者。聖賢發已矣。天下至公也。故公者至。而已者次也。孰曰言文其無用乎。

性德

性生人者之自得者也。命生人者之得於天者也。德能正其生人者也。藝能資其生人者也。然性命有厚薄。而德藝有大小也。性命者。生所雖得而未嘗全得。其厚薄者也。德藝者。人所宜能而未必全能。其大小者也。古之人厚其性而薄其命。有也。而古人不惑。古之人達於藝而窮於德有也。而古人不亂。故曰聖賢無全德。君子無全能。有其內而無其外。聖賢之所以無全德也。能於德而不能於藝。君子之所以無全能也。德上也。藝下也。君子修其上而正其下也。故其不必工於百工。而尊於百工也。性。內也。命。外也。聖賢正其性而任其命。故其窮之不憂。而通之不疑也。伊尹。古之賢人也。方耕於莘佃佃之耕夫。以其能尚之。而伊尹不敢與之校。呂望。古之賢人也。方漁于棘津津之漁人。以其能尚之。而呂望不敢與之校。迨乎二子。德顯於商周也。而天下百姓。由之正矣。孔子。古之聖人也。方力聘之秋。猶一旅人。而不暇息也。方時命大謬而亂物物焉不失其道也顏子子思原憲孟軻古之賢人也窮於幽闇委巷樂然將終其身而衆子也不易其樂夫德也者總仁義忠孝之謂也性也者原道德思慮之謂也仁義忠孝修而足以推於人矣君子之學學其正也何必多乎道德思慮明而足以安其生矣聖賢之盡盡其生也何必皆乎是故聖賢之世而占相卜祝者無所張其巧也君子之前而孫吳申商者無所夸其法也夏人之學曰教殷人之學曰序周人之學曰庠夫三代之學皆所以詔人而學於德也德義者學之本也文藝者學之末也三代之盛

其教天下。所以學其本也。三代之俶。其教天下。所以學其末也。學末故天下皆僞也。學本故天下皆厚也。是故君子貴其敎本也。聖賢貴其盡理也。古人有言曰。晉楚之富。不可及也。彼以其富。我以吾仁。彼以其爵。我以吾義。吾何慊哉。古人有言。樂天知命。吾何憂乎。窮理盡性。吾何疑乎。

存心

教人者。正其所存。能教也。存心者。省其所感。能存也。存心乎善。則善類應之。存心乎惡。則惡類應之。心其非定象也。在其所存者也。應之非定名也。在其所感者也。其所感苟存，而應之豈不速乎。而感應之數未始跌也。吾嘗驗之其人，聞其爲心始善，而人鮮不愛之也。聞其爲心始惡，而人鮮不惡之也。雖喜怒未出其已，而彼之愛惡已來，故存心者，必愼其所以感之者也。而辯人者，心觀其所以應之者也。是以聖人感人心，而天下和平。故曰觀其所感，而天地萬物之情可見矣。有人於此，曰人莫之知，以惡心而欺人，迨惡積而禍至。孰曰心不可知乎。有人於此，曰心不可欺，以善心而待人，迨善積而福至。孰曰人可欺乎。故曰禍福與善惡相交也。嗚呼。人無全信久矣哉。信其所心而不信其所感也夫天地至遠而誠感之通性理至神而物感之滅堯舜不家勸而天下厚厚之感也桀紂不人誘而天下僞僞感之也感應之謂其可忽乎休徵者所以應其善政之所感也咎徵者所以應其惡政之所感也五福者善人所存吉之驗也六極者惡人所存凶之驗也天人相與未嘗睽也吁豈天爲之人實召之夫政者示天下之同之者也萬民之所由也政之善惡民所以而從之者也故驗之雨暘燠寒風五者示天下之同之者也人者一身之自也人之善惡身所以而振之者也驗之福極者示一身

之自之者也。方諸感月而水焉。陽燧感日而火焉。雲從龍也。風從虎也。南人發歌而（此脫地名二字）草舞。銅山始崩。而景陽鐘響。此物之相感然也。人道以情感。故生生不窮。聖人以神感。故幽明一通。是故存心于賢而賢至。存心于不肖而不肖來。存心于親則其子孝。存心于學則其徒勸。所謂出乎爾反乎爾者。斯言近之。

福解

世之曰福。專利而言之者也。吾之曰福。專道而言之者也。利道。故而判福爲兩端焉。利福者嘗多有也。道福者嘗寡有也。多謂衆人也。寡謂聖賢也。故曰。聖賢之福聖賢之所得也衆人之福衆人之所得也聖賢所得而聖賢樂之衆人所得而衆人欲之欲之故天下競利也樂之故天下安性也是故世之人無樂之者不爲樂也有欲之者非爲安也得聖賢之得謂之重也得衆人之得謂之輕也重所重所以率天下敦道也輕所輕所以教天下薄利也齊侯楚子其富貴天下不逮也及其以之與侯相爭相殺也雖曰福之其實禍之顏回原憲其貧賤天下之至也及其樂道全德而後世慕其美名也雖曰極之其實福之今世俗視君子之樂然其身不振曰禍奚爲聖賢耶視高

明之家。恣勢充欲。曰唯福也。將跋意而圖其富貴。是安福之謂乎。使天下之相率背道而趨利。斯言者之罪也。夫聖賢之福。福之本也。衆人之福。福之末也。修本以來末者。古人有之。舜其是也。以末而行本者。古人有之。周公其是也。猶吾先聖人曰。道為福基。可以修行也矣。故君子有道而無富貴。曰時也。而君子不慊。有富貴而無道。曰忝也。君子耻之。富貴而有道。君子廣之也。後世舍聖賢而從衆人。不亦輕本而重末乎。本末顛倒。則天孰與厚也哉。

評隱

文王。太伯。其同道者哉。文王始之事紂。其隱德焉。泰伯終之遜矣。其隱名焉。君子之出處語默也。皆所以訓也。文王太伯之同道。同其作訓也。故曰。世亂隱德。世治隱名。隱名者。所以警其爭名者也。隱德者。所以遠其害德者也。遠害者。聖人之時也。警爭者。聖人之化也。化以感人。其聖人之至德也。時以教人。其聖人之大義也。微大義。則後世之君臣。安得以其道全也。微至德。則後世之昭穆。安得以其禮序也。天地之道遠也。其生可見。而其所以生不可見也。聖賢之道亦遠也。其為可見。而其所以為不可見也。辯生曰。有許由者。輕天下而遯去。其義高而其事疑也。苟事誠而義博。亦可以媿其盜國者之心乎。曰若由者苟不爲也。未若聖人之爲不苟也。可爲則爲之也。不可爲則不爲之也。是故舜依乎中庸而隱也。可則行之。否則已之。舜哉至矣。不失其道也。一鄉之賢隱則其鄉之禮可知也。一書之道隱則其書之文可知也。故謂文必工。文不工則失其道也。謂禮必修也。禮不修則失其賢也。是故一天下之治亂。由賢人之隱見。而所以章也。可不重乎。一賢人之動靜。將天下之敎化而所以勸也。可不愼乎。呂望東海之隱稱隱也。伯夷。西山之隱憤隱也。顏回之隱不須時。不怨世。樂隱也。原憲之隱不卑論以儕俗。驕隱也。四皓之隱去以避亂。來以補政。達隱也。谷口鄭子眞修隱也。成都嚴君平和隱也。曼倩隱於朝。玩隱也。子雲隱於官。苟隱也。孫思邈盧鴻一處不汙道。出不屈節。高隱也。張果之隱詭隱也。李泌者身朝而名野。接祿而尙君。假隱也。李（脫名）者身伏而達言。釣隱也。

喻用

水固勝火。而善固勝惡也。苟用之不得其道。雖水火善惡。亦不可得其勝矣。水之制火。必於火之方然。而水可勝矣。善之制惡。必於惡之未形。而善可勝矣。及其惡至乎不可掩。而欲推善以救惡。火至乎不可熄。而欲激水以沃火。其勢可勝之乎。君子小人者其善惡之所出者也。是故君子用。則其政善。小人用則其政惡也。斯欲政善。而專用小人。曁其惡熾。至乎暴戾上下。欲君子而拯之也。是奚異乎激水而沃者耶。雖有彥聖之人。如彼堯舜禹。吾知其無如之何也。故古之善用人者。用君子必先。而小人必後。君子先用善得以而制惡也。小人後使惡得以而遷善也。禮不容小人加乎君子。不使不肖高於其賢。所以隆善而沮惡也。詩云。我心匪石。不可轉也。我心匪席。不可卷也。威儀棣棣。不可選也。憂心悄悄。慍于羣小。遇閔既多。受侮不少。靜言思之。寤辟有摽。我心匪石。不可轉也。者。君子有志。可以與守也。威儀棣棣。不可選也者。君子有法。可以與爲也。憂心悄悄。慍于羣小者。惡小人之加乎君子也。遇閔既多。受侮不少者。疾小人之玩政也。靜言思之。寤辟有摽者。怨不用君子也。雖小人之道。不能不加於盛德之家。雖君子之道。不能不沮於已破之國。用舍之政然也。一小人壞之于其前。雖百君子莫能修之于其後。一君子治之于其上。雖百小人莫能亂之于其下。邪正之勢然也。越之漁者。使其子漁于夷溪。鄙者專之。能者散之。散疑筆悞及鄙宜作助兼負其所使也。網則隳其紀綱。而命能者治之。能者終不能也。

物宜

君子發身以道。不以財。庶人謀生以力。不以詐。大夫趨事以義。不以利。是三者正。然後天下可以觀王道也。夫王道也者。正宜也。小大之物正其宜。則何有乎亂世也。夫道義。固君子大夫之所宜也。利力。固庶人之所宜也。曰君子而專財。曰大夫而專利。曰庶人而玩智詐是喪其宜也矣大夫處上猶衣也庶人處下猶裳也上宜衣而下宜裳必也苟上而下之下而上之不亦倒且亂乎道其何效哉冉求嘗爲季氏宰爲季氏而聚歛孔子惡之曰求非吾徒也小人鳴鼓而攻之若求者以人而利之尙不容於君子而如此也矧以已而利之孰可容乎孟子曰上下交征利而國危矣亮乎安國家天下者在義不在利也

善惡

有形之惡小也不形之惡大也有名之善次也無名之善至也有名之善教而後仁者也無名之善非教

而仁者也有形之惡殺人者也不形之惡讒人者也讒人之惡存其心殺人之惡存其事事可辯而心不可見也教者情也非教者性也情可移而性不可變也玩隣人之子也好語誘之可以喜惡語激之可以怒及其趨於父母也雖美惡之言而不能親疏之也其盜跖饍人肉而人皆能惡之少正卯顯於朝而眾不能辨之是故君子善善也必審其名同惡惡也必辨其情異夫賞罰者所以正善惡也聰明不能盡其善惡則不足與議賞罰也故察讒在微誅讒在持刑殺宜議性善者宜任情善者宜使察纔不微則不能

觀其心之所之也。誅讒不持。則不能遏其大惡也。刑殺不議。則不能究其誠也。任性善。則安危不振也。使情善。則威福不專也。善善得其宜也。則大賢盡其德。而小賢盡其才也。惡惡得其所也。則纔人悛其心。而殺人伏其罪也。孰有正善惡。而至道不至乎哉。

性情

性貴乎靜。故性變而不可太易。情患乎煩。故情發而不可太早。太早則傷和。太易則傷中。反中和。則陰陽繆。損民壽而物多疵癘。是故聖人之隆治也。仁以厚人性。義以節人情。是所以陰陽和。而遂生物者也。禮教二十而冠者。蓋以其神盛而可以用思慮也。教三十而娶者。蓋以其氣充而可以勝配耦也。故古之君子。觀陰陽。而所以知其情性之得失。觀情性。所以知聖人之道行否。然後以其得失究其本末。相與人主起天下之病癖。雖伊尹匹夫之賤。而猶曰。匹夫匹婦有不被堯舜之澤。若已推而納諸溝中。嘗五就桀五干湯而不沮。其以天下自任。如此之勤也。今天下之民方髫鬌未剪。而以利害相欺。父母則僂之。惟其姦巧之不早也。僅童而男已室。女已家。過之則淫奔。是不亦性變之太易乎。情發之太早乎。將不有所傷乎。

欲世蹈中和則何異乎適胡而南轅其安能至之也吾觀陰陽繆則寒暑風雨庸有及時百穀種植未始不疾其人則斃夭者世嘗多有而仁壽者寡焉適見情性失之之效也人失情性旣如此也而聖人之道行也豈曰至乎謨者尙曰天下甚蠱是亦誤也而囂囂不肯知其失操其本爲人主起天下之病則又奚貴其當時者古語有曰日中則熭操刀則害言適用於當時也若伊尹始窮賤之不暇彼欲適用豈當用耶而伊尹爲之今乘適用之時攝當用之柄而不肯爲之不亦爲伊尹媿乎

九流

儒家者流。其道尙備。老氏者流。其道尙簡。陰陽家者流。其道尙時。墨家者流。其道尙節。法家者流。其道尙嚴。名家者流。其道尙察。縱橫家者流。其道尙變。雜家者流。其道尙通。農家者流。其道尙足。然皆有所短長也。苟拂短而會長。亦足以資治道也。班固本其所出。尊儒也。司馬遷會其所歸。尊始也。尊始者其心弘也。尊儒者其心專也。固嘗非馬氏以其先黃老爲甚繆。是亦固不見其尊儒之至者也。若黃帝之道。其在易矣。易也者萬物之本。六藝之原也。其先之不亦宜乎。

豈班氏之智亦有所不及乎伯夷之所長者清而所短者隘柳下惠之所長者和而所短者不恭孟子尊二子之所長則曰聖人百世之師也伯夷柳下惠是也遷之心抑亦與孟氏合矣故君子善之

四端

司馬長卿楊子雲其人其文皆世之稱也及楊子爲劇秦美新長卿爲封禪書也封禪之言怪乎淫徒加其夸大之心者也美新之言苟言也記曰國無道其默足以容賢而不默孰與默耶是皆不宜爲而爲之也晁錯論五帝三王之道諧其極也宜賢于管子仲

晏子嬰及其請削諸侯之封舌未卷而晁氏以赤其族蓋時未可言而言之也東方朔枚乘其才俊發涌飛書走檄不足其奮筆然皆不能效一官就一政蓋徒才而不得其實能也劉向劉歆皆漢室之賢儒暨治傳也父子各專師說而家自己非蓋得道而不得其極也道而不極非道也[illegible]而不效徒才也發而不時逆理也爲而不宜失義也是故事貴合宜智貴識時器貴適用法貴折中中也者道義之端也用也者器效之端也時也者動靜之端也宜也者事制之端也四端者君子之道之至者也善學者不得其端不

盡也。善為者不得其端不舉也。是故古之聖賢學道而有道。興事而濟事。存其端而已。漢世之二三子。雖激昂而無所成其德。抑亦未得端而然也。

鐔津文集卷第六

音釋

矧音哂 讒音塹 悛音詮 髫音迢 鬌音朶 愯音雙 彗音衛

鐔津文集卷第七

藤州鐔津東山沙門契嵩撰

論原

中正

物理得所謂之中。天下不欺謂之正。適中則天下無過事也。履正則天下無亂人也。中正也者王道之本也。仁義道德之紀也。人以强弱愛惡亂其倫。而聖人作之教。道以致人於中正者也。教者效也。道者導也。示之以仁義使人所以效之也。示之以禮樂名器導人所以趨之也。洪範曰。會其有極。歸其有極。此君子所以自行其道者也。時人斯其唯皇之極。此君子所以進人趨其道者也。詩云。士也罔極。二三其德。此君子所以惡人不由是而適其道者也。是故治人者非以中正存其誠則不足以與議仁義禮法也。教人者不以中正修其誠則亦不可以與議仁義禮法也。夫聖人之法猶衡也。斗也。而持之在人者也。持之不得其人器雖中正而人得以欺之也。金石之音中正則其所響也震。而其所應也和。人之誠中正則其所作也至。而其所感也詳。是故古之君子也謹其所守。行其所得。雖貧賤也處其窮閻幽室而不渝也。雖富貴也乘崇高之勢當天下之尊而不變也及其感物也不威而人畏不語而人信不勞心不役力而其教化行者鬼神助之天地祐之曷其然也蓋天地之理與人同也何以同乎其中正者也

明分

萬物有數大小有分以數知變化之故以分見天地之理是故君子於天道無所惑焉於人道無所疑焉氣凝而生生則有飲食氣散而死死則與土靡是人道之分也穹隆無窮日月星辰而已餘物不容是天道之分也載山振水資生金石草木（或無草本二字）是地道

之分也。人數極。雖天地(或無地字)不能重之。天地變。雖人不能與之。是又天地之定分也。今曰。天可昇。海可入。黃金可以巧成。驂雲氣。與神遇而不死。是焉知變化之故。而見天地之理乎。雖庸人亦謂其不然也。而齊威燕昭秦王。漢武。紛綸趨之。留連而忘返。亂巡狩之制。繆祭祀之禮。孰謂是四人主者聰明聖智。度越於庸人乎。天道大公也。人道大同也。同者同其死生也。公者。公其與人相絕也。苟其公。衆人而私一人。孰謂天乎。苟其同形生。而獨不死。豈謂人乎。是故聖人。皆罕語天道。蓋不以天而惑人者也。嘗正祭祀。蓋不以人而瀆神道者也。

察勢

兼金百鎰。借盜而監守。雖未亡金。其隣人固以疑矣。臨赤子于不測之淵。雖未溺子。其父母固以憂矣。然其勢。既當憂且疑也。而人不得不憂疑也。夫威權者。天下之利器也。其重豈直乎百鎰之金乎。而委之于佞倖不肖之人。佞倖豈直盜乎。而昔君子不疑。百萬師旅。其性命之衆。豈直乎一赤子之生乎。而暴之于戎狄之鄙。戎狄豈直乎不測之淵乎。而昔君子不憂。然往古。其國亂且亡者。曷嘗不因乎可疑而不疑者耶。可憂而不憂者耶。往古能存其國者。亦曷嘗不因乎疑可疑。憂可憂者耶。或曰疑如之何。曰疑之。不如歛其柄而正之。曰憂如之何。曰憂之。不如保民推恩而布信。曰曩豈無恩信耶。而戎狄不懷。曰曩之恩信者聲而未實也。必得仁人而後恩加。必得義人而後信行。彼守鄙者孰成仁乎。孰誠義乎。

刑勢

勢以刑張。其亡也速。刑以勢行。其盪也甚。堯舜非無刑於天下也。而天下不怨。蓋用其刑以德不以勢也。桀紂非無勢於天下也。而天下怨亡。蓋張其勢。不以德而以刑也。夫物莫不有勢也。而國家朝廷之勢。勢之大也。世莫不有刑也。而堯舜之刑。刑之正也。篤大勢以刑民。民雖茍而不服。秦氏以刑懼天下。而道路無敢偶言。方二世而秦亡。武王奮其威以誅紂。有天下不啻三十世。然其用刑一也。而延促之數不鈞者。蓋其所以用之者異也。故古之君子。其在人之上者。崇德而不崇勢。其在人之下者。不務其勢而務其德也。所以爲刑正而爲政治也。後世則反于是矣。爲人上者。以刑而鼓勢。爲人下者。乘勢而侮刑。欲人無怨其可得乎。

君子

有客問曰。君子之學有所欲乎。曰有。而客笑曰。君子亦有欲耶。曰然。君子學欲至。而道欲正。正則於事無繆。至則於心無惑。是故君子安安終其身而無競。小人則不爾。小人學欲利。而道欲售。售則不能無繆於事。利則不能無惑於心。是故小人忽忽終其身而自役。此堯舜與人同。而聖賢所以與人異者也。客拜而去。

知人

知其人而不能育之。非智也。愛其人而不能教之。非善也善其人而不能試之非信也任其人而不能全之非仁也育賢者智之實也教賢者愛之正也用賢者善之效也全賢者任之功也任而無功孰爲人乎善而無效孰爲信乎愛而不正孰爲義乎育而無實孰爲智乎君子之與人也不失智不虧義不忽信不歉仁所以道修而德備身名尊而天下稱之故曰知賢不如養賢養賢不如教賢教賢不如用賢用賢不如成賢成賢者終也知賢者始也終始者天地四時存而不忒也人其不愼乎與其失始寧與其得終又不若終始之爲休也齊桓公初以讐視管仲逮取以

爲相遂同覇天下桓公所謂不能始而能終也漢文帝喜得賈生慨得之之晩也及其以絳灌之惡出而踈之卒無大用文帝可謂能始而不能終乎殷之高宗起傅說於刑人資以至天下天下至今以聖相稽之高宗可謂能始而能終也

品論

唐史以房杜方蕭曹然房杜文雅有餘蕭曹王佐不足德則房杜至之矣觀房則半才視杜則純道君子曰杜益賢也姚崇宋璟其不逮丙魏乎姚宋道不勝才而魏則猒兵丙則知相燕公文過始興而公正不

及大將軍光不若狄梁公之終無私也袁安之寬厚則婁相近之正與仁則異施房琯顏真卿方之李固陳蕃其世道雖異而守忠持正一也汾陽王省武而尚信仁人也段太尉忠勇相顧義人也晉公終始不伐仁人也荀子之言近辨也盡善而未盡美當性惡禪讓過其言也楊子之言能言也自謂窮理而盡性洎其遇亂而投閣則與乎子路曾子之所處死異矣哉太史公言雖博而道有歸班氏則未至也宜乎世所謂固不如遷之良史也賈傅抗王制而正漢法美夫宜無有加者焉三表五餌之術班固論其疎矣誠

疎也。董膠西之對策，美哉，得正而合極，所謂王者之佐，非爲過也。繁露之言，則有可取也，有可舍也。相如之文，麗義寡而詞繁，詞人之文也。王充之言，立異也。桓寬之言，趨公也。韓吏部之文，文之傑也。其爲原鬼，讀墨何爲也？柳子厚之文，文之豪也。剔其繁，則至矣。正符詩尤至也。李習之之文，平考其復命之說，宜有所疑也。疑有作發陳子昂之文，不若李華。華之文，不若梁肅。肅之文，君子或有所取也。李元賓之文，詞人之文也。皇甫湜之文，文詞之間者也。或無詞上文字郭泰、黃憲之爲人也，賢人也。訥言而敏行，顏子之徒歟。徐穉之爲人。哲人也。識時變而愼動靜焉。袁奉高之遁世也。不忘孝。不傷和。中庸之士也。論曰。引其器。所以稽其範之工拙。辨其人。所以示其道之至否。然範工資世之所用。道至正世之所師。所師得則聖賢之事隆。而異端之說息也。是故君子區之別之。是之非之。俟有所補也。豈徒爾哉。記曰。文理密察。（或作察察）足以有別也。孟子曰。是非之心。智之端也。斯亦辨道之謂也。

解譏

爲人雖同而同趨於亂。可以拒也。而不拒。傷容也。爲道雖異而同趨於治。可以與也。而不與。傷拘也。君子以義則無所傷也適吾郝子本至心天下正情性者也推至仁天下全性命者也資之治抑亦極矣世儒援其末而固排之豈不傷歟謂君子可乎哉仲尼曰吾道一以貫之聖人之微言也吾嘗盡之矣安得中庸之士與之語

風俗

秦人用進取之法而其俗人人欲自富至有婦不假姑以箕箒而誶病漢人用鹽鐵代農而其俗趨利至有民與利肆之吏（利有作市）以直相給仁義詘而貨利興禮讓廉節之風亡矣故秦俗日以亂漢俗日以敝夫

秦漢其基勢豈不大且固也而卒亡亂蓋傷其風壞其俗而致然也風俗者膚腠也國家者人體也膚腠旣敝而其體能不亡乎是故先王不舉不法之物愼習俗也詩曰無以大康職思其居好樂無荒良士瞿瞿蓋言動以禮義以正其風俗也今流俗之人苟效自託之功以利而削民使閭里翕然肖之以利而相高不亦傷風乎不亦敗俗乎君子不亦憂乎

仁孝

父子不以道雖禽獸亦能親則君子何以別乎是故聖人愛子以義謂之仁事父以禮謂之孝舜之爲子

文王之爲父可謂仁孝者也天下宜法

問經

問曰史謂易與春秋天道也然則春秋易尤至於詩書禮經乎子欲尊而專之子謂之何如曰豈然乎五經皆至也奚止乎易春秋耶夫五經之治猶五行之成陰陽也苟一失則乾坤之道繆矣乃今尊二經而舍乎詩書禮則治道不亦缺如禮者皇極之形容也詩者教化之效也書者事業之存也易者天人之極也春秋者賞罰之衡也故善言春秋者必根乎賞罰善言易者必本乎天人善言書者必稽乎事業善言

詩者必推於教化善言禮者必宗其皇極夫知皇極可與舉帝王之制度也知教化可與語移風易俗知事業可與議聖賢之所爲知天人可與畢萬物之始終知賞罰可與辨善惡之故也是故君子舍禮則偏舍詩則淫舍書則妄舍易則惑舍春秋則亂五者之於君子之如此也詩書禮其可遺乎孟子言春秋之所以作見作之之權也文中子言春秋之所以起見作之之心也范甯折中於聖人睹春秋之理也文中子見易之所存故振之也楊子雲見易之所設故廣之也王輔嗣言天而不淫於神言人而必正於事其

見作易者之心乎。子夏序關雎之詩。知詩之政（或無政字）爲教也。孟子之言詩。見詩之所爲意也。毛萇之言詩。詩之深也。鄭玄之言詩。詩之淺也。說詩。不若從毛公之爲簡也。五行傳作書道之始亂也。皇極義行。書道之將正也。孔安國釋訓而已矣。聖賢之事業則無所發焉。戴氏於禮未得禮之實者也（實或作眞）鄭氏釋禮文不若子大叔之知禮也。問者再拜曰。若發矇爾。忻然而退。

問交

客問曰。予欲擇交。恐傷乎介。予欲汎交。恐傷乎雜。中庸曰天下國家有九經而朋友之交在其一詩曰相彼鳥矣猶求友聲矧伊人兮不求友生然則予欲無交其可得乎將交則猶豫於二者不决吾子爲我必何以處之曰以人從道則君子擇交以道從人則君子汎交以道汎交廣其道也以人擇交審其道也傳曰汎愛衆而親仁言汎交而推其道也繫辭曰定其交而後求言詳道而從其交也必有道而後汎交道不充已而爲汎交交必混也故君子不爲混交必正道而後擇交道不正已而爲擇交交必徒也君子不爲徒交郭泰古之賢人也與屠酤農傭而交之而泰

也不猒其交蓋有道而推其道者也伯夷又古之賢人也與鄉人處如以朝之衣冠坐諸塗炭望望遠之而不與接蓋無所質道而自篤其道者也曰世之以其宜相交者豈一端也玆曷以正而求其所交之道者也曰然交之道亂久也吾嘗懷而未暇辨之因子今所以盡之也夫古今人有以勢交者有以利交者有以氣交者有以名交者以名交則無誠以氣交則或同惡以利交利散則絶以勢交勢去則解列國之時王公將相求交於布衣馳騁車馬趨乎抱關屠肆而不暇匹夫上交至有朝雜鬻販之人而暮極富貴

懷金佩玉聲振敵國終不免家破國亡而所交者反爲仇讐此以名利氣勢相交之儌而不稽其交道之故也後世猶以是而相尙故閭里之人平時遇於酌酒慷慨皆欲死生以之也一朝利散勢去則故牴忤仇讐之隙而生於朋友之好張耳陳餘蕭育朱博此其效也是故君子愼交乎此也孟子曰友者友其德也君子之交相與以義相正以德故君子之交久而益善小人之交久而益欺君子寧語市道而不言小人之交者也客忻然而去

師道

君子不以非師而師人不以非師而師於人故君子教尊而道正也師者標道也標者表方也標不正則使人失其嚮師不正則使人失其志堯師於君疇舜師於務成昭禹師於西王國湯師於成子伯文王師於時子思武王師於郭叔而孔子師七十二子子夏師諸侯子思師孟軻孟子荀卿皆師其徒堯舜禹湯文武善師於人而後世嗣帝王者稽之也孔子子夏子思諸子善師人而後世踐聖賢者稽之也天下者教爲其本也教者道爲其主也道者師爲其端也正其端所以爲道也正其主所以爲教也正其本所以

爲天下也。故古之君子。不苟尊而師人。不苟從而師於人。其存心於天下乎。今天下其教未至。不亦苟爲人師者之罪乎。不亦不擇師於人者之罪乎。

道德

尊莫尊乎道。美莫美乎德。道德之所存。雖匹夫非窮也。道德之所不存。雖王天下非通也。伯夷叔齊。昔之餓夫也。今以其人而方之。而人樂。桀紂幽厲。昔之人主也。今以其人而比之。而人怒。是故大人。患道德之不充其身。不患勢位或作利字之不在已。

治心

客以見余於巖谷。恬無所營。而問曰。子黙黙。必何為耶。應曰。無為也。吾治其(其或作吾)心耳。曰。治心何為乎。曰。治心以全理。曰。全理何為乎。曰。全理以正人道。夫心即理也。物感乃紛。不治則汨理而役物。物勝理。則人其殆哉。理至也。心至也。氣次也。氣乘心。心乘氣。故心動而氣以之趨。今淫者。暴者。失理而茫然不返者。不治心之過也。曰。心則我知之矣。理則若未之達焉。子思之言。與子之言同之歟。曰同。老子之言。與子之言。同之歟。曰。大較同。而窮神極化異也。曰。子異二子。則何所驗乎。曰。吾正之於吾師。古聖人之說者也。曰。然則子之正。幸得聞乎。曰是未易語也。吾之所正。適死生之變。超天地之故。張之則俗必大怪而相訾也。必欲求之。子當探吾所爲之內書者。客拜而去。

雜著 十六篇

紀復古

章君表民以官來錢唐。居未幾。出歐陽永叔蔡君謨尹師魯文。示予學者。且曰。今四方之士。以古文進于京師。嶄然出頭角。爭與三君子相高下者。不可勝數。視其文。仁義之言炳如也。予前相與表民賀曰。本朝用文已來。孰有如今日之盛者也。此聖君之德而天下之幸也。退且思之，原古文之作也，所以發仁義而辨政教也。堯舜文武，其仁義至，其政教正。孔子以其文奮而揚之，後世得其法焉。故為君臣者有禮，為國家者不亂。方周道衰，諸侯強暴相欺，上下失理。孔子無位於時，不得行事，故以之用褒貶，正賞罰，故後世雖有姦臣賊子，懼而不敢輒作。及戰國時，合從連衡之說以傾天下，獨孟軻、荀況以文持仁義而辨政教，當時雖不甚振，而學者仰而知有所趣。漢興，賈誼、董仲舒、司馬遷、楊雄輩以其文倡之，而天下和者響應，故漢德所以大，而其世所以久也。隋世王通亦以其文繼孔子之作。唐興。太宗取其徒發而試之。故唐有天下大治。而韓愈柳宗元復以其文從而廣之。故聖人之道益尊。今諸儒爭以其文奮。則我宋。祖宗之盛德鴻業益揚。天子之仁義益著。朝廷之政敎益辨。然而卿士大夫。內觀其文知所以修仁義而奉上正政敎而涖百姓。萬邦百姓。外觀其文。知所以懷仁義而附國家。聽敎令而罔敢不從。四夷八蠻。觀其文以信我祖宗之德業。知可大而可久也。使其望而畏之。曰。宋多君子。用其文以行古道。中國之禮樂將大修理。不可不服也。易曰。文明以正人文也。又曰。觀乎人文。

以化成天下。彼戎狄判命凶慝之邊鄙。今朝廷當行征伐。以誅其不廷。而文之興也。郁郁乎如此。是亦止亂。不專在於威武。明文德而懷之也。君子觀之。謂其化成天下也。宜與堯舜文武較其道德也哉。夫社稷之靈長久。曆數之無窮。雖漢唐之盛美。而奚足以比並。

文說

章表民始至自京師。謂京師士人高歐陽永叔之文。翕然皆慕而爲之。坐客悅聽。客有一生遽曰。文興則天下治也。潛子謂客曰。歐陽氏之文。言文耳。天下治在乎人文之興。人文資言文發揮。而言文藉人文爲其根本。仁義禮智信。人文也。章句文字。言文也。文章得本。則其所出自正。猶孟子曰。取之左右逢其原。歐陽氏之文。大率在仁信禮義之本也。諸子當慕承叔之根本可也。胡屑屑徒模擬詞章體勢而已矣。周末。列國。嬴秦時。孰不工文。而聖人之道廢。人文不足觀也。蓋其文不敦本乃爾。孔子無位。其道不行。病此不得已。徒以六經春秋之文。（或云春秋六經）載之以遺後世。故曰我欲載之空言。不如見於行事之深切著明也。聖人豈特事其空文乎。君臣。父子。師徒。朋友。其文詞有

本仁義禮信靄然天下不治未之有也易曰觀乎人文則天下化成豈不然哉坐客聞吾說皆諤然不辯本或從辯

議旱對

歲旱論者有來訪予曰今茲五月不雨及餘七月矣疆赤地千里稼穡稿矣農夫忙忙無所柰何百穀勇貴乃倍其價道路餓莩相望爲政者禱于山川趨其急猶捄之水火而雨終不至民未免皇皇如也請於吾子則曰何如爲之所耶余時應曰此官人者謀之非吾野人之事也無已則語子竊與之吾嘗聞諸長

者當荒旱時謂之凶年爲國憂民者莫如發倉廩以救其饑而後教之惜井泉謹隄防命吏與之相水道引民并力擁江河注之陂池以洽灌漑察市道平物價乘時射利欺于貧弱者以法誅之勸有餘者貸不足約不足者以樂歲酬之關譏無重征以通商旅細民鬻販者容之察刑獄明民之寃枉斯則亦救旱之一道問者復曰禱於山川之神宜之乎曰於禮亦有之然有水旱疫癘之災以禜山川之神者舉古法以順民心耳或作人心如風雨時至水旱不爲沴非由乎山川也問者憮然曰我鄙人也未識乎旱潦之所由子

復爲我言之曰極陽之謂旱洪範咎徵曰僭恆暘若又曰王省惟歲卿士惟月師尹惟日歲月日時不易百穀用成乂用明俊民用章家用平康日月歲時既易百穀用不成乂用昏不明俊民用微家用不寧說者云夫僭也者何過且差也曰政之差而民無教也民無教則肆暴刑也肆暴刑則罰不當也罰不當則民怨之與肆暴所感故旱順之夫歲月日時無易百穀用成乂用明俊民用章家用平康也者何王由王道而不任喜怒妄黜陟卿士師尹卿士師尹守厥職無僭妄以侮王權也如此則國事修國事修則其氣

和洽氣和洽故百穀成而治道明也俊良得志以行其道是上有仁義而下無怨咨故國家安也夫日月歲時旣易百穀用不成乂用昏不明俊民用微家用不寧也者何君奪臣職而臣冒君政也如此則國事不修國事不修則人不和人不和故百穀不成而治道昧也俊良之道不顯是上非仁義而下民胥怨故國家不安也今天子聖明而俊傑在位所謂刑政禮樂豈聞過差也然宋有天下鷄鳴犬吠徹于四海其爲廣且遠矣殊方遠俗政教豈悉至而刑罰能無誤也惟刑政禮樂正則風雨以時來旱潦無由作也惡

用禱耶問者韙之。再拜而去。

夷惠辨 或從辯

孟子曰。伯夷隘。柳下惠不恭。隘與不恭。君子不由也。又曰。伯夷聖之清者也。柳下惠聖之之和者也。又曰。聖人百世之師。伯夷柳下惠是也。故聞伯夷之風者。頑夫廉。懦夫有立志。聞柳下惠之風者。鄙夫寛。薄夫敦。始曰君子不由也者。孟子拒之之詞也。次曰清與和也者。稱之之詞也。又次曰聖人百世之師也者。慕之之詞也。既拒而又稱慕之。學者多惑。有以其言爲不詳。吾故不然。謂孟子之說厥旨遠乎。夫君子與人。

適義而已矣。故其去就無固無必。如其人始惡。而一日翻然以道求我。君子必接之。接之得其誠。則就之。如其人始不惡。而一日翻然以無道從我。君子必直之。直之不得已。則去之。君子就之非苟從也。義可從也。君子去之非苟去也。義可去也。故君子之去就非苟也。專在其義也。彼伯夷者。恥立惡人之朝。恥與惡人言。推惡惡之心。思與鄕人立。其衣冠不正。望望然去之。若將浼焉。以諸侯爲不潔。雖有善其辭命。而不受也。以其終爲不潔。果不就已。彼柳下惠者。爾爲爾。我爲我。雖袒裼裸裎於我側。爾焉能浼我哉。但其自治。不顧治人。混然苟與之處。果不去已。柳下惠與不修之人處。而不能正之。旣不能正之。又不能去之。是侮人者也。伯夷得人善辭命。以至誠相求。而不肯酹其誠。旣不能恤其誠。又不能就之。是棄人者也。棄人也者。是不與人爲善也。侮人也者。是與人無禮也。與人無禮。孰爲恭乎。不與人爲善。孰爲容乎。以君子之道校之。則二子之去就。不亦非義而宜乎。孟子曰。君子不由也。若伯夷。目不視惡色。耳不聽惡聲。橫政之所之。不忍居也。淸廉其身。更治亂而不渝。非得聖人之淸者。孰能守之。如柳下惠。進不隱賢。必以其道。遺佚而不怨。阨窮而不憫。非得聖人之和者。孰能忍乎。
孟子當戰國時。無道也。而姦臣賊子。眦睚恣作。頑懦
鄙薄。爭勢冒利。雖死不顧。其有節義。孟子以羞堯舜
之道不行。思以淸廉寬和之風。矯激其時。故必尊伯
夷柳下惠。爲百世之師者也。其始曰隘與不恭者。辨
其不以義而爲人也。蓋欲使人愼去就。故有拒之之
詞也。又曰淸與和者。是明其各有聖人之一德也。欲
人知賢其人。故有稱之之辭也。又曰聖人百世之師
者。有以警於世也。欲人聞其風而自化。故有慕之之
辭也。伯夷。柳下惠。特立自任者也。不顧敎人。故其所

爲亦不顧世之是非也。孟子行道者也。其務敎人。故指其所爲是者取之。非者正之。所以夷惠之事。雖得失而兩存於其書。

唐太宗述

太宗始視文靜於繫獄。何憂天下之急也。隋大業間。劉文靜坐與李密連姻。繫獄。太宗入視。乃謂曰。今看卿非兒女情。與卿圖大事也。諫班師於霍邑。號哭以感。何忠孝之義合也。高祖初起義師。西圖中國。隋將宋老生。據霍邑以拒義師。會久雨。糧盡。高祖議還太原。太宗欲須入咸陽。高祖不納。號泣聲聞帳中。誅建成元吉。何循大義也。武德九年。建成元吉謀害太宗。事泄。太宗將尉遲敬德等九人。入玄武門。誅於臨朝殿前。與可汗刑白馬而盟之。何信行於戎狄也。太宗登極初。可汗寇涇州。總兵百萬。至渭水便橋。太宗獨上。以清曜軍容。可汗見懼而請和。故刑白馬。盟於便橋上而去。拒德彝之諂。何沮天下之佞人也。正觀初。奏秦王破陳樂曲。封德彝對曰。陛下以聖武戡亂。玄極奏樂象德。定文容以爲比。上曰。朕雖以武功定天下。終以文德綏海內。文武之道。各隨其時。公謂文容不如蹈厲。斯言過矣。突厥胥亂。以其無罪於我。不乘便而討之。何賞罰之有禮也。正觀初。突厥諸部叛。討之而兵叛。羣臣請乘便討之。上曰。豈有新與之和。乘其亂而滅之耶。縱部落盡叛。六畜皆死。朕終不討。待其有罪而後擒取。議不屢赦。何賞罰之正也。太宗謂羣臣曰。赦有罪。及不軌輩。古語。一歲再赦。好人喑啞。故朕不頻赦。庶得四海安泰也。與杜淹論樂。何知政也。太宗初奏新樂。謂侍臣曰。禮樂之作。聖人緣物設教。以爲撙節。治之隆替。皆由於此。御史大夫杜淹曰。前代存亡。實由於樂。故陳之亡。爲玉樹後庭。齊之亡。爲伴侶。行路聞之。莫不悲泣。上曰。不然。夫音樂之感人心。歡者聞之則悅。憂者聽之則悲。將亡之國其民心苦。苦心所感。聞樂則悲。何有樂聲使人悅者悲乎。今玉樹伴侶。其音具在。今公奏之。公則不悲耳。與孔穎達論藉田何知經也。正觀初藉田。方田。給侍中孔穎達曰。按禮。天子於南郊。諸侯於東郊。晉武於東南。今於城東不合古禮。上曰。禮緣人情。亦何有定。虞書云。平秩東作。朕今見少陽之地。田於東郊。盡其儀也。亦何不合於古禮者哉。罷營閣之議。何惜民力也。羣臣以宮中卑濕。請營一閣以居。上曰。朕德慚漢文。豈可過勞民力。竟不許。幾致刑厝。何天下之有教也。居不閉戶。行不賫糧。何天下之廉讓也。正觀四年冬。斷刑四十九人。幾致刑厝。領外之戶不閉。行旅不賫糧也。赴刑者應期而畢至。何天下之無欺負也。正觀七年冬。親錄囚死者三百九十八人。令明年秋來就刑。至是畢集。而詔以原之。納魏徵之言。何與人爲善也。太宗納魏徵諫爭。見於本傳甚衆。自古稱禹湯文武。所以爲禹湯文武者。正以其由仁義之道。而王天下也。如後世以仁義而爲王者。猶禹湯文武也。吾讀唐書。得太宗之事。如所述者。不可勝舉。原其所歸。皆趨仁義。要其與禹湯異者。亡也。當時論者。謂太宗大度類漢高。神武同魏武。夫漢高寡文德。而魏武不及覇道。惡可與太宗擬論乎。惜哉。欲用周禮治。而房魏輩。不能贊成之。如使王通未喪。唐得用之。太宗（文中子曰。如有用我者。吾則抱周禮以從之。）則卜年卜世。何翅乎三百一十六也。孟子曰。五百年必有王者興。其間必有名世者。太宗之作。眞王者也。而不値文中子可歎也哉。

易術解

子郝子治易。平生得聖人作易之大法。乃解易以自發其法。謂聖人所以作易在治道。治道在君臣。君臣法陰陽以成爻。列爻以成卦。立卦以成易。是故求治道者。必觀乎易。求易象者。必觀乎卦。求卦體者。必觀乎爻。求爻變者。必原乎陰陽。陰陽也者。作易之本也。治道之大範也。陰爻者。（爻或作義）臣道也。陽爻者。君道也。陰陽之爻。升降得其所。則卦吉。陰陽之爻失其所。則其卦凶。是故君臣之道正。則其政治也。君臣之道繆。則政亂也。治則三綱五常修也、三才順也。萬物遂也。

亂則彝倫萬事斁也夫天下萬世治亂規誡之道易其備矣方絶筆乃出其書示於潛子欲吾亂而明之潛子稽其說條其緒雖累百而無不與聖人之法合者揭然而自立義例精而且至大略如乾坤小畜大畜卦之類雖古之善治易者不過是也潛子因語其人曰子之書是也然易之始固出於河圖河圖所見唯陰陽之數最爲其本也而君臣之法與其神物偕出矣雖然而其吉凶治亂之效未著乃資乎聖人者君天下而發之故包犧氏出焉示與神道適會遂卦之而又爻之（爻或作義）用其法以王天下然其法非聖人

作君。不能張之。聖人非以是不能王之。故易與聖人而相須也。孔子聖人也。雖知其法而無位。歎不得如虙犧。行其道於當世。徒文而傳之耳。故曰。鳳鳥不至。河不出圖。吾已矣夫。然其傳自孔子之商瞿。更九世。至漢人楊何。而所傳遂絕。其後諸儒用已見各爲其家。紛然騁其異說。師弟子相承相勝。不復守聖人之道。眞易之道遂微。而子當易道支離紛錯漫漶難審之時。乃毅然獨推聖人之軌法。解其書以遺學者。其於聖人之道。亦有力焉。子郝子益謂潛子曰。吾考雜卦。其說煩且重。殆非聖人之意。是蓋後世學者。括衆卦而歌之之言也。預之十翼。不亦忝乎。吾嘗削之。乃離序卦。爲之上下篇而以禆夫十翼可乎。潛子曰。楊子雲謂學者審其是而已矣。仰聖人而知衆說之小也。子非之果是。而排其瀆聖人之言者。宜之。何必疑之。

鐔津文集卷第七

音釋

噏音吸　售音授　詘音屈　蘄音漸　涖音利

鐔津文集卷第八

藤州鐔津東山沙門契嵩撰

雜著六篇

逍遥篇

天地均平功。萬物均平生。日月均平明。四時均平行。生生之道同。然而所以爲生奚一。謂功不殊。謂生不異。謂明不兩。謂行不各。使皆任其自然而然者。人其適於虎狼蛟龍也。虎狼狡龍。㦬悷矯軋乎性。又奚全於天淳乎。故曰道亦自然。非道亦自然。道亦自得。非道亦自得。昔夫黃帝也。高辛也。唐堯也。虞舜也。夏禹也西伯也后稷也孔子也曾參也子路也伯夷也展禽也桀紂也幽厲也惡來也盜跖也是此者不亦生乎而所以爲生曷嘗齊耶食息與人同而動靜與人別若所謂者緊何以明之黃帝之爲生也修德振兵治五氣蓺五種撫萬民而安乎天下往而登乎雲天高辛之爲生也順天之義知民之急仁而威惠而信其色郁郁其德嶷嶷其動也時其服也士既執厥中而徧天下帝堯之爲生也其仁如天其知如神就之如日望之如雲富而不驕貴而不舒平章百姓協和萬國帝舜之爲生也父頑母嚚順適而不失子道二

十而孝聞，終踐帝位，而明德於天下。夏禹之爲生也，其德不違，其仁可親，亹亹穆穆，爲綱爲紀，以治鴻水。故功至天下。西伯之爲生也，篤仁敬老，慈少禮下，革苛虐之政，斷虞芮之訟，稟天明命，乃君萬國。棄之爲生也，相地之宜，乃爲農師，天下得其利焉。丘之爲生也，祖述堯舜，憲章文武，禮樂由之成，仁義由之明。參之爲生也，孝道昭。由之爲生也，至義明。伯夷之爲生也，激大廉。柳下惠之爲生也，懷至和。桀之爲生也，務之凶德，殘傷百姓，特生不保，遂放而死。紂之爲生也，拒乎諫，飾乎非，好酒淫樂，嬖於婦人，而殫殘無辜，至於身厄火死爲極太醜幽厲之爲生也接慝桀紂惡來之爲生也間亂君臣盜跖之爲生也眦睚肆賊夫道亦自然者黃帝堯舜之謂也非道亦自然者桀紂幽厲之謂也道亦自得者參由夷惠之謂也非道亦自得者惡來盜跖之謂也刀與劍同鋏以謂自然乎劍自得乎利水所以截蛟犀陸所以斷虎兕縱而試之恢恢乎是安知金之性也耗于是哉是故聖人任乎自然之道不任乎自然之生得乎自然之正不得乎自然之邪故靜與天地合動與禽獸別喜怒不得攻貪殘不得容離諸有而立于妙故君子不可不知

道道也者大妙之謂也至寂也而通乎羣動至無也而含乎萬有春容在聲而聽者不可以盡其音暐曄在色而明者不可以究其景謂之不可得終天地而未喪謂之可得彌天地而未有有有于無無無于有有無偕遺而返乎不可狀故曰非天下之至神孰能與於此乎所以能挈天地運乎日月天地日月雖爲巨焉曷嘗不爲道之用乎無名天地之始有名萬物之母此之謂也有人于此弗原乎道被髮狂行謂我自然天倪紛于內視聽馳于外物將樊籠其性也又奚得適乎生夫人有二大性大也情大也性大故能

神萬物之生。情大。故能蔽聖人之心。金與木相摩則然。木不勝固焚矣。情與性相制則亂。性不勝固滅矣。孰知夫性全也。與人不爲聖乎。情全也。聖不爲與人乎。或曰明堂辟雍。高門峻板。長者之所慕趨。而鳥過之疾飛。獸過之急馳。小人過之追風而去。然則鳥獸生乎林薄。小人成乎闒茸。其分定。而其性不可移。此三者相與而去。不其然乎。於此乃曰性全也。與人可爲聖。情全也。聖可爲與人。是世所未有也。逍遙曰。不待黃帝而論大智者。大匠屈於雕蟲之子。不須彭祖而言大年者。大椿屈於舜英之草。必矣。夫測孟津者。

安可以錐視雲天者安可以管觀大道者安可以形骸故神照而心不滯者可與言道也夫千越夷貉之子生而同聲長而異俗昔者太甲肆暴不道湯法而伊尹敎之三年則遷善修德卒朝諸侯周宣王厲王之子而周公召公輔之修政故能振成康之遺風齊桓公之淫樂非禮由管仲隰朋也故能一正天下而作長五伯由豎刀易牙也故父子疑忌其國大亂子路彼之勇人也化於仲尼故能以義揚名夔之典樂也擊石拊石而百獸率舞狙公之賦芧也朝三暮四而衆狙怒瓠巴鼓瑟而遊魚出聽百牙絃琴而六馬

仰秣。太甲。齊桓。遊方之內者也。目視耳聆。未必出乎事物之表。心情相戰。營營不問。一旦爲人所化。禮義勝之。猶能舍不肖而庶幾乎賢者。其若是焉。彼禽獸也。由人情動以欲逐物。猶能感樂而順養。此九者。豈異生而別造化乎。何則始此而終彼。獸居而人隨。況大通乎。況大全乎。漠然唯神。死生不化者也。又奚人而不爲聖乎。故荀卿曰。神莫大乎化道。福莫大乎無禍。但適異國者必知途。適萬里者必積行。往而不知胡越之路。則沒身不覿異國。去而不動跬步之擧。則終身不離國門。故君子患不知理。不患其名之不美。

患不行道。不患其心之不神。嘗試論曰。聖愚者。堯桀者。其氣有殊。而其性常一。性非氣而不有。氣非性而不生。故氣也者。待乎性。性也者。假乎氣。氣與性未嘗相違。古者既得其母。已知其子。既知其子。復守其母。沒身不殆。故夫陰陽之交。是生五行。性乘乎陰陽。而遇其交也。故爲聖人。爲賢人。爲仁人。爲義人。爲小人。爲愚人。猶禮運曰。人者。其天地之德。陰陽之交。鬼神之會。五行之秀氣也。夫聖人者。得全乎陰陽也。賢人者。得乎陰陽之微。五行之先也。仁人義人者。得乎五行之一也。小人愚人者。得乎五行之微也。禽獸。又得乎微乎微者也。夫性之與氣。猶火之於薪焉。火之性其輝一也。洎焚於草木。則其明未嘗同矣。是故古之得道者。不以心役氣。不以氣擾心。心之不動也。則人正性命。故老聃曰。歸根曰靜。靜曰復命。復命則妙觀乎色。而循至乎非空。非空也者。常無有也。唯色也者有非常也。知色雖妄。而空未始爲空。惑者皆爲色。而格于空也。而色也者。不亦爲可資乎萬物紛異。而此何不同然。雖知未及聖。而所以爲聖文奚缺。如謂之非色。萬物大域。謂之非空。萬物太宗。所以三乘等觀心空而入道。若然者。歷大亂而不潰。履至危而不岌。

不爲而自化。不操而自正。天地有殞。而此未始患其有終。日月有息。而此未始患其有窮。此或眞道逍遙游者之所趣乎。

西山移文

自然子。西山之有道者也。處仄陋間三十年。雜老農老圃以游。未嘗一日以語遻物。康定初。朝廷求儒於草澤。知己者將以道進於天子。自然子引去不顧。余於自然子有故也。聞且惑之。謂自然子賢者。不宜不見幾。念方當遠別。不得與語。故文以諭之曰。子自然子。讀書探堯舜之道。豈宜自私。得志推諸天下。與人共之。不得已。山林而已。昔曾點顏淵。樂道終於隱。約而不改。彼以時命大繆而然也。今天下一國。君人者有道。自然子之時固異矣。安得與彼二子。同年而語哉。吾嘗謂隱者之道有三焉。有天隱。有名隱。有形隱。形隱也者。密藏深伏。往而不返。非世傲人者之所好也。長沮桀溺者其人也。名隱也者。不觀治亂。與時浮沉。循祿全生者之所好也。東方曼倩楊子雲者其人也。天隱也者。心不凝滯。拘絕於事。無固無必。可行即行。可止即止。通其變者之所好也。太公望孔子顏淵者其人也。子自然子。志在孔子。而所守與長沮桀溺輩類彼長沮桀溺者。規規剪剪。獨善自養。非有憂天下之心。未足與也。自然子固宜思之。與其道在於山林。曷若道在於天下。與其樂與猿猱麋鹿。曷若樂與君臣父子。其志遠而其節且大。爲之名也赫赫掀天地。照萬世。不亦盛矣哉。自然子思之。行矣。無且容與。知言者豈以我爲狂言乎。

哀屠龍文

屠龍古有朱評漫者。以學所悞。而窮於當時。評漫不知何許人也。其性剛健。以割鷄解牛。不足以盡其勇。思託非常之屠。以適乎智。故殫千金。資學於師。三年學成。或作技成而無所用其巧。骯髒于世無所信。適封羊屠狗者。陽陽其前。市井之人見則指笑。嗚呼。評漫往矣。曠千萬年。有聞其風而自感。且爲文以發其事。龍也者。純陽之精。靈於鱗蟲。非有定形。馮神雲氣。而變化不測。故於人世罕得而窺焉。彼欲絕其精怪。祛人江海之暴。泯其形生。夷其族類。非能游刃於無間。智與神遇。而龍可屠乎。嘗聞海中之國。其人如雲乘風騎日。出入於天地之外。而往來無迹。彼則畜龍肉而資所贍。是屠龍者彼人之事也。然屠龍之事在古則用於其國。今也評漫之時或亡。幾乎息矣。評漫身世則與彼人異而爲屠龍豈其宜乎然評漫者非不知其非已任耶蓋性與其道合而形迹外忘又何暇計乎世俗之用不用哉夫龍之爲物也其亦神矣爲屠之術人之難能評漫於此則毅然作之窮且不止（止或作沮）是評漫之性也神武妙得於聖人之勇者也嗚呼屠龍聞之於古今幾世而不有一見於評漫之性所謂聖賢人者故能盡人之性盡萬物之性聖賢也尙未聞異評漫之心而正其所託況區區之俗其能識評漫乎屠龍之道不爲窮乎悠悠六合之間古兮復今往者其可哀來者其可憫

鐔津文集卷八

記龍鳴

吾年十九時往吾邑之盜風鄉至于姚道姑之舍道姑異婦人也其舍在山中留且數日遂聞其舍之山脅有聲發于陂池之間舂然若振大鐘如此數聲吾初怪之顧此非有鐘可聲頃之遂以問道姑道姑肅然作而曰異乎此龍吟也聞此者大瑞子後必好道姑處子時嘗取水溪中身感龍漦及人禮之夕龍光發于房女子卽亡亡而還不復樂其家居鄉人神之遂爲結精廬處之山中然姚女自少獨守精潔齋戒初頗逆道人間吉凶其事輒驗及吾見時已老年六

十餘。氣貌泠然。不復道人吉凶。楮冠布服。棲高樓。專誦佛經。雖數萬言。日夜必數帙。(妙法華經)遇物慈善。故其鄉人靡然相化。吾嘗問其何所以授經。曰。嫗少時。每有神僧乘虛而來教嫗耳。吾故以其所謂龍吟者不妄也。吾讀書、覩古人如是者多矣。有若房琯薛令之賤時棲山。皆謂嘗聞龍吟。其後房果爲宰相。薛至太子侍讀。此其所聞之驗也。嗟乎余雖不埒於二公。然而遵道行已。豈負於聖賢。而卒以弘法。爲庸人誣陷。遂示醜於天下。何其所聞未異。而所驗不同耶。姚氏之謂可疑也。吾意夫龍者。君之象也。豈今天下治平。

盛乎聲名文物以遭其時得以而歌之此其驗也不然神龍亦有妄以聞乎有本云龍亦有妄鳴乎

寂子解 蓋師少時所稱而後更號寂子

寂子者學佛者也以其所得之道寂靜奧妙故命曰寂子寂子既治其學又喜習儒習儒之書甚而樂爲文詞故爲學者所辯學佛者謂寂子固多心耶不能專純其道何爲之駁也學儒者謂寂子非實爲佛者也彼寄迹於釋氏法中耳寂子竊謂此二者不知言者也不可不告之也因謂二客曰吾之喜儒也蓋取其於吾道有所合而爲之耳儒所謂仁義禮智信者

與吾佛曰慈悲曰布施曰恭敬曰無我慢曰智慧曰不妄言綺語其爲目雖不同而其所以立誠修行善世教人豈異乎哉聖人之爲心者欲人皆善使其必去罪惡也苟同有以其道致人爲善豈曰彼雖善非由我教而所以爲善吾不善之也如此焉得謂聖人耶故吾喜儒亦欲晞聖人之志而與人爲善也又吾佛有以萬行而爲人也今儒之仁義禮智信豈非吾佛所施之萬行乎爲吾萬行又何駁哉又謂之曰客無以吾喜儒爲寄迹苟容於佛氏法中耳寂子雖無大過人豈不能爲抱關擊柝魚鹽版築之事以苟容

其身耶。甘落髮。忍所愛。口不敢嘗於華血。以奉佛者。誠以其教廣大。其道眞奧。以之修身。則淸淨齋戒。以之修心。則正靜無妄。以之推於人。則悛惡爲善。善者爲誠。以之死生終始。則通於鬼神變化。雖飢羸枯槁委於草莽。而不忍移者。正以其所存如此也。夫市井小人。以市道相師。有一言利其所爲。尙能終身戴其師之德。寂子雖陋。寧不賢於市井輩耶。得人之道。而僥倖以負其教。而奴隸之人。不忍爲也。寂子其爲乎。仰天俯地。吾不欺於聖人也。客幸無以此爲說也。二客者嘗以其教相辯。寂子亦從而諭之曰。客無諍也。

儒佛者聖人之教也其所出雖不同而同歸乎治儒者聖人之大有爲者也佛者聖人之大無爲者也有爲者以治世無爲者以治心治心者不接於事不接於事則善善惡惡之志不可得而用也治世者宜接於事宜接於事則賞善罰惡之禮不可不舉也其心旣治謂之情性眞正情性眞正則與夫禮義所導而至之者不亦會乎儒者欲人因教以正其生佛者欲人由教以正其心或云欲人正心以行其教心也者徹乎神明神明也者世不得聞見故語神明者必諭以出世今牽於世而議其出世也是亦不思之甚也故治世者非

儒不可也。治出世非佛亦不可也。二客復相辯其教
之末者云云。寂子又諭之曰。君子於事宜揣其本。以
齊其末。則志常得。而言不失也。今也各不詳其所以
爲教。而辯其所奉教。吾未見其得之者也。苟辯其末。
孰不可辯也。二客且止。然寂子與人游也。不接其勢。
不奉其豪。不要其譽。唯其達道與己合者與之。視其
嘐嘐相訾者。悠然不樂從之。或問寂子。子似善於佛。
盍揭子之道以示於世。寂子曰。吾道難言也。言乎邇
則常不可極。言乎遠。則常自得。存乎人。通乎神。達乎
聖。歷乎死生變化而不失。未易一一與俗人語也。誠

欲求之當探寂子所著之內書。

寂子解傲

寂子爲郝氏之隱者也。其性簡靜。不齷齪事苛禮。故爲俗所謗憎。終以傲誕譏之。寂子初以流俗之說。且不足顧。雖朋儕規之。亦未始奉教。及壯道業且修。而其謗益甚。來相規者愈勤。寂子撫然歎曰。世眞無知我者也。乃坐規者與之語曰。俗謂我傲。豈非以吾特立獨行。與世不相雜乎。又豈非以吾不能甘言柔顏而與世順俯仰乎。規者曰。不出是也。寂子曰。言道德禮樂者。大要在誠。非直飾容貌。而事俯仰言語也。吾惡世俗之爲禮者但貌恭而身僶俛考其誠則萬一無有內則自欺外實欺人故吾於人欲其誠信不專在言語容貌俯仰耳所謂人者孰不可以誠信接之誠信之道雖容貌揖讓不亦末乎昔嚴子陵於漢乃臥見盧鴻於唐輒不拜正謂以誠信待天下也子謂二子其非乎是耶必以爲傲則吾無如之何也今俗謂之恭敬而不問仁鄙義與不義權利所存則蘧蒢僶俛馳走於其下甘役身而不殆苟爲權與利不在雖賢與義與坐必倨與視必瞪施施然驕氣凌人書曰傲狠明德正此之謂也嗚呼俗之所爲如是且不

自引其過。而反譏我。亦猶蒙塗汙而笑不潔。子往矣。無更規我。

萬言書上

仁宗皇帝

年月日杭州靈隱永安蘭若。沙門臣契嵩。謹昧死上書。皇帝陛下。某聞窮不忘道。學者之賢也。亡不忘義。志士之德也。於此有人。雖非賢德。而未始忘其道義也。今欲究其聖人之法之微。此所謂不忘道也。今憂虧損陛下之政治。是所謂不忘義也。某其人也。某嘗以古今交興。儒者以文排佛。而佛道浸衰。天下其爲善者甚惑然此以闢　陛下政化不力救則其道與教化失故山中嘗竊著書以諭世雖然亦冀傳奏　陛下之丹墀而微誠不能上感嘗恐老死巖壑與其志背今不避死亡之誅復抱其書趨之轂下誠欲幸　陛下察其謀道不謀身爲法不爲名發其書而稍視雖伏斧鑕無所悔也若今文者皆曰必拒佛故世不用而尊一王之道慕三代之政是安知佛之道與王道合也夫王道者皇極也皇極者中道之謂也而佛之道亦曰中道是豈不然哉然而適中與正不偏不邪雖大略與儒同及其推物理而窮神極妙

則與世相萬矣。故其法曰隨欲。曰隨宜。曰隨對治。曰隨第一義。此其教人。行乎中道之謂也。若隨欲者。姑勿論。其所謂隨宜者。蓋言凡事。必隨其宜而宜之也。其所謂隨其對治。蓋言其善者則善治之。惡者則惡治之。是二者與夫王法。以慶賞進善。以刑罰懲惡。豈遠乎哉。但佛心大公。天下之道善而已矣。不必已出者好之。非已出者惡之。然聖人者。必神而爲之。而二帝三皇。庸知其非佛者之變乎。佛者非二帝三皇之本耶。詩曰。神之格思。不可度思。矧可射思。是蓋言神之所謂不可測也。苟有以其所宜而宜之。 陛下乃帝王之眞主也宜善帝王之道也今　陛下專志聖斷益舉皇極以臨天下任賢與才政事大小必得其所號令不失其信制度文物不失其宜可賞者賞之可罰者罰之使　陛下堯舜之道德益明益奮則佛氏之道果在　陛下之治體矣經曰治世語言資生業等皆順正法此之謂也此推聖人之遠體不止論其近迹耳然遠體者人多不見近迹者僧多束執惟

陛下聖人遠近皆察幸　陛下發其遠體使儒者知之諭其近迹使僧者通之夫迹者屬教而體者屬道非道則其教無本非教則其道不顯故教與道相

須也。昔唐德宗。欲慕其道。而不奉其教。非知道也。懿宗泥其教。而不體其道。非知教也。武宗蔑佛。蓋不知其教道者也。某竊窺 陛下讚誦佛乘之文。 陛下可謂大明夫佛氏教道者也。而學者。乃有不諭 陛下。聖德如此。何其未之思也。洪範曰。會其有極。歸其有極。此總謂之皇建。其有極之意。明王道。唯以大中爲準。必無黨無偏。無反無側。其合會其有中道者。同歸其中道耳。春秋之法。尊中國而卑夷狄。其時諸侯雖中國。或失其義。亦夷狄之。雖夷狄者。苟得其義。亦中國之。是亦孔子用其大中之道也。故傳曰。君子之於天下也無適也無莫也義之與比義者理也聖人惟以適理爲當豈不然乎而學者胡不審洪範春秋之旨酌仲尼之語以爲議論何其取捨與聖人之法相盭徒欲罔三代而無佛耶夫三代之時其民初宜一教治之故獨用其一教也三代之後其民一教將不暇治或曰天以佛教相與而其治之乎夫天下之不可欺莫甚乎天人之際也今欲明此不若以天人而驗之佛教傳之諸夏垂千載矣舉其法必天地鬼神順之人民從之深感而盛化者益以多矣其事古今之所聞見者皆可以條對而籌數也凡所謂教者

皆古聖人順天時適民所宜而爲之以救世治者也
然聖人之心宜與天心相同但在於逐人不陷惡而
已矣豈局其教之一二乎書豈不曰爲善不同同歸
乎治也今論者不探其所以爲教之深遠者第見其
徒不事事在家逃脫外形骸不躬衣食以爲詭異與
俗相遠而切深譏之徒惡黑黧爲患而不見脉患之
深也黑黧不過變其皮膚矣脉患至深則絶人性命
也今聖人導之剸情愛委身世表欲其全性命之至
本以治生死之大病所謂治其出世者也猶老氏曰
吾所以有大患者爲吾有身及吾無身吾有何患矣

令人不稍謝其能與天下療其大病乃輒比世教而譏是亦其所見之未達也抑又聞凡事造形者則易見在理者則難覩蓋形之者灼然而理之者幽微也若今之佛教弘益天下之事甚多但其爲理幽奥而學者寡能見之某雖不足與知今試推其大槩者數端以進之　陛下冀　陛下垂之以諭天下學者則其死生之大幸也某聞佛法者大要在人正其心其心果正則其爲道也至爲德也盛蓋其所說情性辨而眞妄審也若今　陛下以太和養誠以仁恩禮義懷天下雖其盛美已効苟以佛法正心則其爲道德

益充益茂矣。經曰。妙淨明心。性一切心。此之謂也。昔唐明皇初引釋老之徒。以無爲見性。遂自淸淨。從事於熏修。故開元之間。天下大治。三十年蔚有貞觀之風。而天子之壽七十八歲。享國四十五載。是庸知非因佛法助其道德如此也歟。梁武帝齋戒修潔。過於高僧。亦享垂五十年。而江表小康。其壽特出於長壽。此亦佛法助治之驗也。使唐不溢情。梁不過卑。知人任人。其爲德皆愼始終也。豈不盡善盡美乎。然此陛下素所留意。其密資 陛下之睿聖者。乃 陛下自知而自得也。豈藉蒭蕘之言耳。然此必陳之云云者。蓋欲幸　陛下詔以示學者。使其知佛之法。有益於帝王之道德者。如此也。某又聞佛之法。以興善止惡。爲其大端。此又最益　陛下之教化者也。請試校之。若今天下國家。州置庠序。邑置學校。以興起教化者也。詩書禮義之說。習民。欲其爲善日益。而冀其姦惡不萌於心。官師者。又資以宣政化。而文儒之昌盛。雖三代兩漢。無以過也。然而里巷鄉墅之家。其人猶有耳未始聞詩書之音。口不道禮義之詞。如此者何限。蓋又習聞佛說。爲善致福。爲惡致罪。罪則通於鬼神。福則通於生死。其人下自男女夫婦之愚。上抵賢哲之倫鮮不以此而相化克己齋戒縱生而止殺或日月年或修其身者稱頌佛經天下四海之內幾徧乎閭里營戍也然其間悛心改行爲仁爲慈爲孝爲廉爲恭爲順爲眞爲誠其意亦不少也乃今古耳目之所常接耳脫若家至戶到而接之如此者恐不啻半天下也雖其趍習之端與儒不同至於入善成治則與夫詩書禮義所致者何異乎所謂最益 陛下之敎化者此其是也唐書曰雖其異方之敎無損理原蓋此之謂也抑又聞佛氏之法以五戒十善爲敎導世俗者謂五戒修也所以成人十善修也所以生

天。二端皆不治之。而縱心乎十惡者。不唯不至乎天人。而後陷其神於負處也。今天下之人。以五戒十善而自修者。固以多矣。大凡循善則無惡。無惡則不煩刑罰。今以戒善。而不煩　陛下之刑罰者。天下豈謂無有益也。蓋不按而自覺矣。而天下郡邑。其刑有時而省。其獄有時而空。庸知其非因陰助而然也。宋之何尚之謂其君曰。能行一善則去一惡。去一惡則息一刑。一刑息於家。萬刑息於國。則　陛下之言。坐致太平是也。然佛法能與　陛下省其刑獄。又如此也。抑又聞佛者。其人神靈睿知。古云大不測人也。死生變化自若而死生不能變化蓋其所得之道大妙妙乎天地鬼神而天地鬼神嘉之其爲聖人也亦與世之所謂聖人異也范曄西域論曰靈聖之所降集賢懿之所挺生褒休亦曰知佛爲大聖人其教有不可思議之事是二者始知佛之所以爲聖人也故其爲法爲言乃能感天地而懷鬼神幽冥要其法欽其言而古人嘗發於巫覡卜祝接於夢寐者固亦多矣河海方波濤洶湧其舟欲沒人之欲溺及投佛之經則波清水平民得無害民欲暘若以其法而禱之天地而天地暘民欲雨若以其法而禱之尠不之效然其

遺風餘法。與天下爲福爲祥而如此。此又人耳目之所常接者也。與　陛下禋天地。祀社稷。禱乎百神。而與民爲福者。何以異乎。祭法曰。法施於民則祀之。能禦大菑。能捍大患。則祀之。若今佛法也。上則密資天子之道德。次則與天下助教化。其次則省刑獄。又其次則與天下致福却禍。以先王之法裁之。可斥乎。可事乎。然儒者以佛道爲異端。惡其雜儒術。以妨聖人之道行。乃比楊墨俗法而排之。是亦君子之誤也。而佛老與孔周。自古帝王並用其教。以治其世俗。幾乎百代。是佛之教。巍巍然鬬乎天地人神。豈以楊墨爲比。蓋論者未思其所以相妨之謂也。大凡其事異而意異者。鮮能濟事。異同而事不同者。鮮不濟事。夫於事不濟。乃謂相妨。而濟事。豈謂相妨乎。今佛者。其教固同導人而爲善。雖其所作者。而有前後。蓋以前後而相資也。孰謂有妨聖人之道乎。若夫儒經。有與佛經意似者數端。含而蘊之。若待佛教而發明之。然意密且遠。而後儒注解。牽於教不能遠見聖人之奧旨。豈非傳所謂夫子之文章可得而聞也。夫子之言性與天道。不可得而聞也。今試較之。亦幸　陛下垂之學者。若中庸曰。自誠明謂之性。自明誠謂之教。是豈不與經所謂實性一相者似乎中庸但道其誠未始盡其所以誠也及乎佛氏演其所以誠者則所謂彌法界遍萬有形天地幽鬼神而常示而天地鬼神不見所以者此言其大略耳若其重玄疊妙之謂則羣經存焉此疑若與聖人廣其誠說而驗之乎孔子曰質諸鬼神而無疑而百世以俟聖人而無惑其意豈非如此也又曰惟天下至誠能盡其性能盡其性則能盡人之性盡人之性則盡物之性以至與天地參耳是蓋明乎天地人物其性通也豈不與佛教所謂萬物同一眞性者似乎中庸雖謂其大同而未發其

所以同也及佛氏推其所以同則謂萬物其本皆一清淨及其染之遂成人也物也乃與聖人者差異此所謂同而異異而同者也明其同所以使其求本以修迹趨乎聖人之道也明其異所以使其修迹而復本不敢濫乎聖人之道德也其又曰至誠無息不息則久久則徵徵則悠遠以至悠久所以成物博厚配地高明配天悠久無疆如此者不見而章不動而變無爲而成天地之道可一言而盡矣豈不與佛所謂法界常住不增不減者似乎中庸其意尚謙未踰其天地者也及佛氏所論法界者謂其廣大靈明而包

畏乎十方者也。其謂博厚高明。豈止於天地相配而已矣。經曰。不知色身外洎山河大地虛空。咸是妙明眞心中物。豈不然乎。而孔子未發之者。蓋尊天地而欲行其敎也。其所謂悠久所以成物。是亦可求其包含之意耳。其又曰。其爲物不貳。則其生物不測。天地之道。博也厚也高也明也悠也久也。今夫天斯昭昭之多。及其無窮也。日月星辰繫焉。萬物覆焉。以至夫地。一撮土之多云云者。是豈不與佛敎所謂世界之始。乃有光明風輪。先色界天。其後有安住風輪。成乎天地者。似乎中庸雖尊其所以生。而未見其所以生也。及佛氏謂乎天地山河之所以生者。其本由夫羣生心識之所以變。乃生此諸有爲之相耳。故經曰。想澄成國土。知覺乃衆生。孔子所謂其爲物不二。其生物不測者。似此而不疑。亦以分明者也。若洪範五福六極之說者。此儒者極言其報應者也。嘗竊考之。其意微旨。若關乎佛氏所云其三界者也。注疏者。亦羣於教。不復能遠推之。豈爲然也。其一曰。凶短折。壽。其五曰。惡惡醜也。若有殤子者。纔生則死。豈亦惡政所加而致凶短折耶。蓋人生其相肰妍醜者。乃父母所生。其形素定。豈必謂當世惡政而致之乎。然聖人含其意而未發者。豈不以人情便近而昧遠。未即以他生語之。疑其亦有所待者也。及乎佛教。謂人生之美惡。適以其往世修與不修。致如此也。此世修與。不修。則其美惡之報。復在其後世耳。用此以求孔子之意可盡也。若繫辭曰。原始要終。故有死生之說。精氣爲物。游魂爲變。是故知鬼神之情狀。是豈不與佛氏所謂生死者。皆以神識出沒諸趣者。似乎。孔子略言。蓋其發端耳。及佛氏所明夫生死變化者。非謂天地造化自然耳。蓋生死者。各以其業感。爲人爲鬼神。爲異類。而其生死變化之所以然者。于此不亦益明乎。詩曰。神之格思。不可度思。矧可射思。書曰。茲致多生。先哲王在天。是不唯聖人。但欲致敬於鬼神耳。亦意謂人之精明不滅。不可不治之也。此與佛敎人人爲德爲善。資神以淸升者。何以異乎。孔子但不顯說耳。及佛氏則推而盡之矣。晉書王坦之與竺法師相約。報驗之事。其亦明矣。佛敎其言不虛。多此類也。而如此數說者。皆造其端於儒。而廣推効於佛。豈聖人自以宜數潛通。不使人而輒識乎。不爾。何其道理之相貫如此也。漢書曰。蓋遵俗無方。適物異會。趣諸同歸。指諸疑說。則大道通耳。豈不然乎。而列子亦謂孔子嘗曰西方之人有聖者焉不治而不亂不言而自信不化而自行蕩蕩乎民無能名焉然列子之說雖不載於五經六籍蓋尊中國聖人以立教或雖有其言而不宜書之諸子得以誌之耶此儒佛不可相非又益明矣抑又聞佛謂於其道未有了者謂之權教於其道了然者謂之實教實者受人以頓權者受人以漸所謂人天乘者蓋言其漸之漸者也今以儒五常之教較之正與其五教十善人天乘者同也豈儒之聖人不亦以佛之權者而教人以漸乎佛經所謂孔子乃是昔儒童聖人焉或其然也故傳曰可與適道未

可與權。權者不亦甚。而不易知乎。然佛法播此。故亦已久矣。見重於人君臣之聖賢者。胡可勝數。而 陛下之聖祖宗。奉其法而張之。其又過於古之天子也。先皇帝至聖。最知其然。雖作崇釋論廣之。今 陛下明聖。又悉究其道妙。天下方向風慕德。欲因 陛下而以佛爲善也。世之學者。何其未知信也。然雖大公之世。可以顯大道。大明之人。可以斷大疑。今 陛下聖人誠大明也。 陛下盛世誠大公也。而正夫儒佛二聖人之道。斷天下之疑。豈不屬 陛下今日耳。某幸 陛下出其書。與公卿詳之。苟其說不甚謬妄。

願垂天下使儒者儒之佛者佛之各以其法贊　陛下之化治如前所論遺爲萬世定鑒而後制絕其相訾之說俾佛法而更始自　陛下聖朝是不唯佛之徒之幸抑亦天下生靈之幸豈唯生靈之幸亦天下鬼神之大慶也抑又聞　陛下存佛教於天下者必欲其與生爲福之効天下之人以爲其徒者必欲行其教法也欲其教行則必欲以其法而導人爲善也如此則天下爲善爲福誠繫於其法法行與否誠繫於其徒也是以天下務其徒而爲急苟存其法而其徒不得其人其法亦何以爲効也易曰苟非其人道

不虛行。豈不然哉。然則得人在制其徒。及其時而學習之。使成其器。及其時。則其學習易成。人過其時。則其教諭難入也。昔佛制使人年盈二十。乃使得受具足戒。出家則聽以其沙彌從事。沙彌者。蓋容以其童子而出家也。其意以後世。其人根器益鈍。而頓解者鮮。必資其早教少習。及其心未濫而漸之於道也。二十乃得受具足戒者。蓋以習性已成。志慮已定。可使守戒而行道也。其自既爾。必能推之以善於人也。故謂三寶之間相承。而續佛慧命者。唯藉於僧寶耳。其出家之制。在律部最爲定法。不可輒踰也。昔進言於陛下者曰。其人未年二十者。不得聽之出家。何其與佛制大相戾耶。二十而出家者。姑使其預僧勝緣可也。苟欲其大成器行道。而與　陛下導人爲善。恐其未然也。此可自驗。夫二十而始出家者。使其稍聰且明。誦一經矻矻不暇他習。三四年僅就。及其試之。一舉而得者。百不一二。其次五六年乃誦一經。其次暗鈍者。或十年而僅能誦之。苟其如此。幸得納戒而爲僧。其人年不三十。已四十矣。就使其人三十五六。而使預大戒。猶恐其扞格。而不勝其學習也。況以三四十者。而欲其通明練習。其所謂禪者。講者。律者。戒定慧者。他教聖人之道。異方殊俗之言語者。此又恐其不能也。必爾使其二十而使出家者。不亦誤乎。進言又以其少預僧倫加於耆宿之上爲嫌。乃謂制之。然此以僧坐列之法。而律成之可也。夫僧坐列之法。亦有以聲德而相推上下者也。不止其年臘高者須上。有名德而年少者。必下也。今以其坐列高下。而遂定其出家制。豈謂得其事宜耶。夫佛制出家之律。蓋其徒所生之本源耶。苟汩其源。而欲其流之清。是亦惑矣。大凡人知道而有所守者。其爲非則鮮矣。其不知道而無所守者。其作過必多矣。若近世僧輩以過

而觸　陛下刑禁者蓋其習學不正罔有所守而致
然耶某竊恐其徒而今而後益無所守頻觸刑禁并
其教道而辱之又憂其法益不得其人而聖人之法
微而遂滅矣用此常寢不安食不甘實欲　陛下復
其舊制遵行　先帝之法務與佛制而相近也出家
則不限年之少壯其業稍精則宜廣之其心益誠則
宜正之如此庶幾萬一得其人也又幸　陛下精其
師率者宜勸之正其正者而廣之如此亦庶幾其徒
萬一軌道而鮮過也所謂其師率者今天下主禪之
衆者主其講之衆者所謂僧正者今郡國之僧正者

也果不以其僥倖爲誠能張其教法者幸少加以禮服脫以其公而失之亦將脅之察吏誣而無屈陷之刑如此可以使其徒而慕之尙之也是亦勸誘之一道也其徒苟欲求師訪道千里之遠有司不以憑由而阻之使人無迫戚之心往來裕如也然憑由之制本用防惡及其小吏侮之而返更防善此又在百執事而宜深察之若某委於山谷不數數於世亦已久矣方其著書欲出山中而耆舊者把袂而相留曰爾以道自勝於山林可謂得矣乃一旦而輒動何不自重其去就且留某謂其人曰吾佛法實聖賢之道源

天下之善本。今其人不知。乃相與譏佛而沮法。吾憂
其損天下之善本。欲往。賴吾　帝而勸誘之。亦欲資
其治世也。神明在上。實聞斯語。非如他術衒鬻。僥倖
欲有求也。然平生爲法不爲已。不亦重乎。而某一介
守死。豈足自爲輕重也。其人又曰。吾　帝以寺廟與
爾徒。布諸四海。豈不盛矣。亦云何哉。某又謂之曰。爾
屬知其一。不知其二。夫聖人之道在正。不在盛也。而
某區區螻蟻之志。其實如此。儻　陛下垂天地之察。
則其幸爾。契嵩之書。其前後臣之。其中名之者。亦有
所云也。夫君臣之謂。蓋聖人以定。在公者尊卑也。自

古雅衣冠縉紳者歟。今爲僧祝髮隳刑。儀範與人間雖異。而輒與衣冠所稱相濫。不乃失其事宜耶。孔子曰。必也正名乎。僧人預其人臣之謂。其名豈爲正哉。儒有上不臣天子。下不事諸侯。昔王霸嚴光。不臣不名於漢。豈其然也。僧本蹈道世外。又敢冒其人臣之稱也。然僧而臣之者。蓋出近世。不稽之例也。以其書前後稱臣者。表始終不敢違例。其中名之者。表不敢果以非其所宜者。以見 陛下也。干冒 天威。不任皇恐之至。不宣。

鐔津文集卷第八

音釋

闟音榻 茸音宂 㯃音時 蓺音詣 斎音炙 虙音伏 遅音迮 盭古戾字

鐔津文集卷第九

藤州鐔津東山沙門契嵩撰

再書上

仁宗皇帝

十二月日杭州靈隱寺永安蘭若沙門賜紫臣僧某謹昧死上書皇帝陛下臣聞事天者必因於山事地者必因於澤然所因高深則所事者易至也若陛下之崇高深大則與夫山澤相萬矣適人有從事其道者舍陛下而不卽求之雖其渠渠終身絕世烏能得其志也抑又聞佛經曰我法悉已付囑國王

大臣者。此正謂佛教損益弛張。在　陛下之明聖矣。如此。則佛之徒。以其法欲有所云爲者。豈宜不賴　陛下。而自棄于草莽乎。臣忝佛之徒。實欲扶持其法。今者起巖穴。不遠千里。抱其書而趨闕下。願幸　陛下大賜。以成就其志也。臣嘗謂能仁氏之垂教。必以禪爲其宗。而佛爲其祖。祖者。乃其教之大範。宗者。乃其教之大統。大統不明。則天下學佛者不得一其所詣。大範不正。則不得質其所證。夫古今三學輩競以其所學相勝者。蓋由宗不明。祖不正。而爲其患矣。然非其祖宗素不明不正也。特後世爲書者之誤傳耳。

又後世學佛者不能盡考經論而校正之乃有東教者不知佛之微旨妙在乎言外語禪者不諒佛之所詮槩見乎教內雖一圓顱方服之屬而紛然自相是非如此者古今何嘗稍息臣自不知量平生竊欲推一其宗祖與天下學佛輩息諍釋疑使百世知其學有所統也山中嘗力探大藏或經或傳校驗其所謂禪宗者推正其所謂佛祖者其所見之書果謬雖古書必斥之其所見之書果詳雖古書必取之又其所出佛祖年世事迹之差訛者若傳燈之類皆以衆家傳記以其累代長曆校之修之編成其書垂十餘萬

言。命曰傳法正宗記。其排布狀畫。佛祖相承之像。則曰傳法正宗定祖圖。其推會宗祖之本末者。則曰傳法正宗論。總十有二卷。又以吳縑繪畫其所謂定祖圖者一面。在臣愚淺。自謂吾佛垂教。僅二千年。其教被中國。殆乎千歲。禪宗傳乎諸夏。僅五百年。而乃宗乃祖。其事迹本末。於此稍詳。可傳以補先聖教法。萬分之一耳。適當 陛下以至道慈德治天下。天地萬物和平安裕。而佛老之教。得以毗贊大化。 陛下又垂神禪悅。彌入其道妙。雖古之帝王。更百代。未有如 陛下。窮理盡性之如此也。是亦佛氏之徒。際會遭

遇 陛下之一時也。臣所以拳拳懇懇、不避其僭越冒犯之誅。輒以其書與圖上進。欲幸 陛下垂于大藏。與經律偕傳。臣螻蟻之生。已及遲暮。於世固無所待。其區區但欲其教法、不微不昧。而流播於無窮、人得以資之。而務道爲善。則臣雖死之日。猶生之年也。非敢僥倖。欲忝 陛下雨露之渥澤耳。其所證據明文。皆出乎大經大論。最詳。其所謂傳法正宗論。與其定祖圖者。儻 陛下天地垂察。使其得與大賜。願如景德傳燈錄。玉英集例。詔降傳法院編入大藏。則臣死生之大幸。不惟臣之大幸。抑亦天下教門之大幸也。如 陛下睿斷允臣所請。乞以其書十有二卷者。特降中書施行。其傳法正宗記。與其定祖圖。兼臣舊著輔教編印本者一部三策。其書亦推會二教聖人之道。同乎善世利人矣。謹書上進。干黷冕旒。臣不任激切屛營之至。臣誠惶誠恐謹言。

書啟上韓相公書 前後四書

月日沙門某謹北嚮伏揖獻書于集賢相公閤下。某聞古之聖人立極以統天下。天下謂之至公。夫至公者惟善者與之。惟惡者拒之。與善無彼此。治而已矣。拒惡無親疏。亂而已矣。是蓋聖人之心也。及其親親尊尊。國有君臣。家有父子。必親必疏。必近必遠。三綱五常。不可奪其序。此乃聖人之教也。夫教貴乎修也。而心貴乎通也。教也者。聖人之經制也。心也者。聖人之達道也。天下必知達道。始可以論至公。苟不達道（或無達道二字）見聖人之心。雖修教。必束教。而失乎天下之善道也。某雖固陋。其學平生。自謂得聖人之心。長欲推此。以資乎王公大人之所爲道德者。今乃老弊于山谷。白首躘踵。而卒無所遇。慨然太息。惟恐其虛與草木。偕生偕死。而不得稍發之也。方今竊聽閣下。以寛博仁厚之德。而宰輔天下。天下論至公之道者。謂

適得之於閣下也。某喜且大幸故。不遠數千里進其
說。發明其所謂。平生所得聖人之心者。然非齷齪自
喜。慕名而榮身耳。誠欲推其教道。以導天下之爲善
也。願幸閣下。無忽某佛氏者也。竊患其教。於今甚衰。
其徒不能偕修。以振其道。士大夫乃不知其所以然。
或議而譏之者紛然。使君子卑之。小人疑之。然其法
播於諸夏垂千載矣。所更君臣之聖賢者。不可勝數。
皆尊奉之。使與儒並化天下。蓋用大公之道而取之。
以其善世。有益於生靈。毗政治。廣教化者也。猶書曰
會其有極。歸其有極。又曰。爲善不同。同歸于治。彼非

有大合乎聖人立極之道者自古聖賢豈存而敬之迨于今日也不惟聖賢之不存而天下亦厭之久矣若今天下興起學校用聖人之所由道德之說習乎諸生蓋欲其宣傳國家之教化也雖然其仁義蔚然以敷于天下而天下之男女夫婦豈人人盡預乎五常之訓耶及其聞佛所謂爲善有福爲惡有罪損爾身累爾神閭里胥化而慕善者幾徧四海苟家至戶到而按之恐其十有七八焉前所謂助政治廣教化此其是也其法又能與人正心窮神而極化內益乎聖賢之爲道德者又其至矣而世之學者奈何不求

古之聖賢與善之心。不以至公之道。裁而取之者耶。第見其徒混濾。不執其道。而遂斥其法。然其徒由在國家正其源流。擇其綱紀。旌其善者而勸之耳。其法何忝乎。孔子曰。不以人而廢言。此之謂也。伏冀閣下。俯爲政治教化者主而張之。則天下生靈之幸甚也。抑又聞屋危者不扶則顚。水壅者不疏則潰。聖人之道。既微且昧。苟不推而明之。亦幾其息矣。某方憂其師法之衰。山中嘗竊著書。曰輔教編者。僅三萬餘言。以推原本教。白其聖人爲教之意。萬一以救其將墜之勢。始欲奏之天子。而幽陋疎遠。不克上達。又欲進諸閤下。亦又不能通之。既而因人。輒嘗布之京國。其意亦欲傳聞於閤下之聽覽。今復一歲。而其浮沉不決。而所憂之心。如蹈水火。急欲其援。故不避其僭越之誅。乃冒進其所謂輔教編者印本一部三策。幸閤下論道經邦之暇。畧賜覽之。苟不甚謬。可以資閤下。留神于吾聖人之道。則某平生之志。不爲忝也。如閤下之大賢至公。拒而委之。則佛氏之法。漠然無復有所賴也已矣。今又以嘗著皇極論一篇。寫本一策。隨此貢之。是乃少時行道餘暇所爲。粗明乎治世聖賢之道也。謹因關主簿。投諸下執事。塵涜台明。不勝悚

懼之至不宣沙門某謹白

再上韓相公書

月日沙門某謹伏揖獻書昭文相公閤下某幽人也伏山林竊聆閤下以至公宰天下與人為善廓然無所不容故昔年嘗以其書曰輔教編因閤主簿景仁投于下執事者逮今自抱其書西趨而來願進諸天子至京逾月誠欲先見大君子幸教其去就可否之宜且疑闕君之書浮乎沉耶果塵閤下之聽覽乎懣然久不自決忽然輒進恐閤下不知其所來之志謂有所求不進則其事稽滯故復書其意萬一幸閤下

稍詳之。然某之出山也。蓋欲貢其所著之書。十餘萬言。其書乃補其教法之闕。正吾佛氏之乃祖乃宗。賴天子垂于經藏之間。以息乎學佛者疑諍。使百世知其所統也。其意止于是矣。非傚他輩自爲身名之僥倖。欲有所求也。閤下儻不以爲非且謬。引而與語。則其所來之意得伸矣。不惟自得伸其志矣。亦恐於閤下。性命眞奧之極際。而有所資焉。豈獨資其性命之說。抑亦稍補閤下聖賢治政皇極之法也。塵冒大丞相尊嚴。罪無所逃。不宣。某謹白。

重上韓相公書

月日沙門某謹伏揖再獻書于昭文相公閤下某近者以書西來進之天子誠以閤下當國至公盡善其心方西趨之日汲汲惟恐後時及幸見之閤下溫然以禮接之其後奏書垂之政府而閤下面奬特比之史筆當此大幸謂其平生爲善之勤果遭遇而得其發揚矣又其後竊聞閤下益以其文與諸公稱之於館閣而士大夫聞者有曰大丞相眞公與人爲善矣若某者乃異教方外之人耳其道方少有可觀乃特與公卿譽之如此天下學者切當自患其爲道不專也何慮乎朝廷聖賢之不至耶然某學佛之餘麤事

乎翰墨。欲發揮其本教耳。豈有高文遠識。當乎公相大賢所稱獎耶。此可謂大幸大忝也。然其預閣下之賜。不爲不大。其區區之志。不爲不得。此固宜翻然便還山林。今猶徘徊京師未即去者。蓋其所來之意未盡未果。奉閣下尊留之命。故敢不避其干冒之誅。乃益進說于閣下之左右也。幸閣下寬而念之。某山林著書。討論內外經書。不啻數千卷。積數十年。頗亦焦勞其神形。又不遠千里賫來。而奏之者。非苟如他輩僥倖。欲其私有所求耳。其實患乎本教之宗祖不明。古今學佛輩。不見其大統。妄相勝負。殊失吾先聖人之意。故其拳拳懇懇。乃務正之。仰憑朝廷。垂於藏中者。百世之爲佛教。立勝事也。庶其學者。遵爲定斷。又欲自效。身爲佛子。其微爲善者也。方其出山中之日。道屬者。舊輩皆以某誠心爲法。莫不祝之。願成其事而返。今其書既奏。待命已六十餘日。而未有所聞。其中頗自疑之。或其書尚有所謬。不足大賢之所取耶。或閣下當國大事殷。未暇盡其是非乎。都邑浩壤。久留則弊。其風塵。拂衣林薄。而其本末之志未遂。惟恐負其道屬所祝之意。不惟負其所祝之意。亦恐其平生所存無效。而其敎法祖宗萬世終不復正也。以故

益欲幸閣下大惠重念其爲法不爲身爲道不爲名
爲其教道萬世之必正不爲其已而要國家一時之
恩渥耳神明在上實聞斯語抑又聞佛法者神妙不
測故通於天地神明其爲勝緣乃妙乎無窮也今所
謂其宗者乃其教之大本也所謂其祖者乃其法之
大範也方今天子聖明而閣下賢哲公正佛法祖宗
苟得預閣下執政之中斷而定之使後世學佛仰而
信之曰在大宋天子相國韓公嘗裁而定之矣其徒
之三學者不敢胥亂而佛法更明果有天地神明陰
爲其助則景福勝緣豈不歸于天子與閣下乎某忝

閤下之惠愛稱奬若前之所云如此。願幸閤下始終其大賜。使早施行。無令疾忌之徒得輒以生橫議。以成就其平生區區之志。幸及春水東歸山林。乃其大幸甚矣。當決勵精誠。竭思行道。以報閤下之德惠。顒顒恭俟嘉命于旦夕也。不宣。某惶恐謹白。

又上韓相公書此繫東歸後復致此書也

月日沙門某謹北望伏揖獻書昭文相公閤下。某昔者以禪書幸朝廷賜與秘藏。爲佛法之教萬世耿光天下。其徒莫不且喜且慶。此是閤下鈞造與成其事。而又稱道其文。乃播諸賢士大夫。迄今天下莫不知其辱閤下見知之深也。受賜於閤下之厚也。光賁山林之多也。平日欲思獻一言以報閤下之德。而未果然。適以其書而通于下執事者。乃效其素志耳。然閤下輔相功烈。冠絕于古今者。蓋閤下善用堯。舜。禹。湯。文。武。周公。孔子。孟軻。荀況之道而然也。今有人著書深切著明。以推衍彼十聖賢之道。而正乎世之治亂。其極深研幾。自謂不忝乎賈誼。董仲舒之爲書也。是可資乎閤下。雄才遠識。萬分之一二耳。伏念某放浪世外。其迹與世雖異。輒著其書。慮俗無知。嫉而忽之。故祕之。自謂潛子。不敢顯其名也。今閤下至公與天下之人而爲善也不區域其華野顯晦者天下服之乃不遠千里寓其書而投之苟有可觀其說不妄萬一果有所資贊則某也少報閤下之嘉德而得以展其微效也其漂蕩江湖拘潔獨立與俗不合而其憫者非者相半儻或閤下賜之一字褒而揚之此又慰安其平生守蘊光賁其幽獨之大惠也仰黷盛命干冒台明罪無所逃不宣某謹白

上富相公書

月日沙門某謹北嚮伏揖獻書昭文相公閤下某聞昔有野人或以美食芹或以九九之筭獻其國君者

夫食芹與九九之筭鄙事烏足使王侯賓焉然其心善格其君也適某不遠千里而來進其說於吾相君誠與乎食芹九九之筭不殊而其心志亦幸閤下詳之而不忽也某佛氏也其法業能與人正心洗濯其煩亂持本而盈中今故欲以此待閤下論道經邦之遑潔靜以頤養其聰明之源乃安其極也夫所謂正心者非世之所謂正也蓋事外淸淨至正者也心至正則神明神明則氣和氣和則體靜順是四者以治其身而心益治也太史公曰不先定其神而曰我有以治天下何由哉此言近之矣然其道又能與生人

原始而要終示其神爽往來根萬物之所因而決施報之所果然是又深且遠矣閤下大賢卓識謂此果可以留神已乎若今儒者曰性命之說吾中庸存焉老者曰吾道德存焉而奚必曰佛耶而謭謭自執矣然是佛者皆聖人之謂也宜有漸之深之邇之遠之者也焉可槩論請爲閤下詳之夫中庸者乃聖人與性命之造端也道德者是聖人與性命之指深也吾道者其聖人與性命盡其圓極也造端聖人欲人知性命也指深聖人欲人詣性命也圓極聖人欲人究其性命會于天地萬物古今變化無不妙於性命也

然其使人覿道眞盡化本覺其外物之爲妄休息其精神之勞弊者而佛氏其道尤驗也其爲道乎旣博而其說斥汗漫故世之學者益隨斥譏之而不探其要嗟乎學道者不審也昔楊司徒綰在唐號爲賢相嘗以此著王開先生傳以推廣於天下蓋知其道之統要而然也今閤下輔相之道德器過於楊公遠矣苟不以佛爲無謂而稍取之乃天下之幸也然其道復能使人去惡而爲善今天下翕然而與儒並勸是不惟內有益於聖賢之道德亦將外有助於國家之敎化此又宜閤下之垂意也方今其敎甚衰其徒不

擇讖而毀之者紛然某竊憂其道自是而微且息矣燈燭不繼其然其明亦遂滅矣溪澗江河不疏導其源其流亦遂絶矣聖人之教道亦猶是矣不扶救則遂亡矣故竊嘗著書曰輔教編以發明扶持其道凡三萬餘言始欲奏之天子而微誠不能上達又欲進之閤下又不克通之已而乃因人姑布之京國亦意其欲傳聞於閤下聽覽又逾年而浮沉不決其所憂之心若在水火急欲其援以成就其生平之志乃不避其忝冒之誅輒以其書塵浼大丞相尊嚴萬一幸閤下憫其勤勞爲教與道非敢如常流者屑屑苟榮

其身與名而已。謹以其所著。輔教編一部三册印者。又以皇極論一首。寫本者。然此論乃少時行道之餘暇所屬。雖其文字淺俗。而麤明乎治世聖賢之法。仰託關主簿投諸下執事者。不任瞻望台慈。皇恐悚越之至。不宣。某謹白。

上張端明書

月日沙門某謹撰書寄獻于省主端明侍郎閣下。某以幽鄙無狀。幸閤下憫念其來久矣。昔者嘗以弊文。因故侍郎郎公。輒塵聽覽。而辱之褒曰。不惟空宗通。亦乃文格高。故忝此大賜。感之懷之。迨今八載矣。自謂委于深山窮谷。雖欲一接大君子之威儀。固不可得也。然而每欲建一善事。推一善言。報閤下恤念之盛德。以廣閤下與善之勝緣。充然。故嘗存之于心。近者竊著其廣原教。次為三帙。曰輔教編。吳人模印。務欲傳之。敢以幸於閤下執事者。以畢其區區之志。然其書。大抵世儒不知佛為大聖人。其道大濟天下生靈。其法陰資國家教化。特欲諭其疑者。解其譏者。而所以作也。然吾佛常以其法付諸國王大臣。而聖君賢臣者。蓋吾教損益之所繫也。今欲救其法之衰微。扶其教之不振。乃以其說。而求于閤下。又其宜矣。伏

惟閤下以高才大學冠首賢科以重德能名爲朝純
臣藹藹然負天下台輔之望而益有深知遠識不局
世教超然特留意佛教妙理探索其聖人性命之眞
奧此又宜佛氏者以其道而倚賴也閤下仁明儻念
其憂道不憂身爲法不爲名寬其僭越之誅以其書
稱於聖賢傳於君子得天下不沮其爲善之心國家
不失其敎化之助不直某之幸也亦吾佛之法得其
所傳也（傳或寄字）輔教編一部三册謹因崔太博輒通呈
於左右干黷台慈不任皇恐之至不宜某謹白

上田樞密書

月日沙門某謹撰書寄獻于樞密侍郎閣下某世外幽人也乃敢以其書而輒求於朝廷聖賢者豈宜然哉然憂其道之將毀必護其本教亦烏得泥其所守而不知其變耶夫朝廷聖賢者乃吾道損益之所屬也不往而伸之吾聖人之法殆廢且滅矣此亦經所謂佛法付諸國王大臣之意也幸閣下仁明憫其憂在道法不爲身名寬其僭冒之誅而稍取其說不惟斯人之幸亦其敎道之光輝也不直其敎道之光輝抑亦天下生靈之大幸也某嘗以今文人之文排佛殊甚是亦世之君子者不窺深理不究遠體不考其

善。天下弘益之驗。徒以目接其淺近之事。與儒不同。乃輒非之。夫佛氏之教。播于諸夏。垂千載矣。舉天下而化之。其亦盛矣。是必有大幽功陰德。合天地通神明。益教化善風俗者也。不然。天厭人惡久矣。切恐論者不已。後生不悟。益斆而爲之。不惟弊聖人之大道。亦乃沮天下爲善之心。損國家教化之助也。故孜孜勉其愚瞑。輒著書以發明吾佛之所爲教者。欲諭勸于世之賢人君子。而自視退然。力不足。言未信。非資乎朝廷之聖賢。有高明之勢力。有際天之識度。洞達聖人之深理遠體者。則其書何以傳也。適會吳人以其所著之書。曰輔教編者。模印方就。敢不遠千里。望風以投于閤下之門。伏惟閤下以高才博學。登踐大科。以善德能名。榮處右密。藹然負天下宰輔之望。又益有深知遠識。洞達聖人性命眞奧。是宜夫佛氏者。以其法而倚賴之也。儻爲不腆之文。未忝大賜。以之傳布于朝廷賢人君子。則某千萬死生之幸甚也。抑亦吾佛以法付之之適。得其寄也。其所獻之書。十部三十冊。封題。謹因崔太傅以通于下執事者。塵涜台嚴。不任惶恐之至。不宣。某謹白。

上曾參政書

月日沙門某謹撰書寄獻于參政給事閣下某聞佛教也嘗繫乎政治而關乎教化者也其有人欲正其法之損益救其教之衰削而不求於宰教化司政治者其人雖盡心竭誠汲汲於巖壑間至老且死必不能得遂其志也今天下宰教化司政治惟天子宰相與閣下參預大政聖君賢臣者也故某不遠千里以其書因人而求於閣下者蓋亦有意於教道矣伏惟閣下以大公爲心取衆善爲治不忽其幽陋之人不廢其荒唐之言而稍垂采聽不直斯人之幸抑亦西聖之道而增其光明耳某嘗謂佛教之爲善世也固

其廣大悉備矣。其所謂施之於善人而益善。施之於不善人而亦爲善。古今吾敎之所勸。不及刑法之所禁。不得陰謀心欺。雖匹夫匹婦之愚。聞某所謂爲善有福。爲惡有罪。罕不滅惡遷善矣。苟家至戶到而按之。恐十有八九。而天下若此也。後世益薄。而其亂遂少。孰知非因佛敎陰助而然也。故唐書曰。雖謂異方之敎。無損爲理之源。向所謂關乎敎化者。蓋此之謂也。夫以其道安天性。而知神明之所以往來。修身治心。以通乎聖人之至德至道者。古今其又多矣。今論者。以文而排佛。謂無益於治世。此亦世之君子。不知深理不達遠體不見佛教之所以然也愚以此為其憂恐論者不已後生末學習而為之不惟虧於國家教化之助亦乃損其陰德之祐山中嘗竊著書推明佛法要旨將以諭勸學者而自念幽獨無其勢力終不遂其事傳其書於天下非有高明特達大雅清勝君子則不能成其志業故輒欲幸閤下同以此道稱之於聖賢布之於君子也又念佛教之在天下也弛張其法增損其徒一出於朝廷之處置乃向所謂繫乎政治者此其是也今以正其損益之說而求閤下之門亦其宜矣閤下高才重德天下具瞻寬仁大明

朝廷推伏。苟以其憂道不憂身。爲法不爲名。憫其志。收其書。推而布之。使天下知佛之所以爲教。君子資之以廣其善。小人資之以悛其不善。不惟某之幸。抑亦天下生靈幸甚也矣。其書曰輔教編者。一部三册封題謹因崔太傅以通于下執事者。塵涴台慈。不任慚懼之至。不宣。某謹白。

上趙内翰書

月日沙門某謹撰書。寄獻于百司内翰閣下。某嘗聞吾佛昔以其法付諸王大臣者。其實意欲資王臣之勢以正其損益也。故聖君賢臣乃吾道萬世所倚而賴之者也。後世之徒。如憂其法。救其衰。而欲有所云爲者。不可舍乎朝廷之聖賢者也。若某不遠千里。以其書而求於閤下之門者。固亦以爲其法而若此也。伏惟閤下。爲德有遠量。立朝有大節。以文章爲詞臣之宗。地近官顯。日接天子之寵光。又特注意佛理。力探聖人性命之奧妙。是益宜佛氏者。以其道而從之也。某嘗以今天下儒者。不知佛爲大聖人。其道德頗益乎天下生靈。其敎法甚助乎國家之敎化。今也天下靡然。競爲書而譏之。某故嘗竊憂其譏者。不惟沮人爲善。而又自損其陰德。乃輒著書。曰輔敎編。發明佛道。欲以諭勸于世之君子者。然自念其深匿遠棄，力不能遂振之。徒終夕太息。乃冒其僭易之誅。敢以其書。仰藉閣下高明。以聞傳於諸聖賢君子。苟得其萬一反心識佛。知其教法之所以然。廣其爲善。而不損夫陰德。是亦仁賢用心之一道也。其爲勝緣。當世世奉閣下同之天地神明。實聞斯語。儻閣下不忽少垂尊意。則某萬萬幸甚矣。其輔教編者。模印一部三册并書因崔太傅納諸下執事者。干黷台慈。不任惶恐之至。不宣。某謹白。

上呂內翰書

月日沙門某謹撰書寄獻于內翰呂公閣下某嘗以卑論幸閣下善之其後雖欲益進其說以始終閣下聽覽德義之貺念某棄匿山林不能果耳比聞詔還益用大手之筆發揮天子制命此不可不勵已以求達其志也幸閣下不忽其幽陋而少留意焉某聞善其理者天下至公之謂也今天下所謂聖人之教者至焉雖其名不類考其理而皆欲人趨善則其理未始異然猶日月年數雖其近遠差異而其成歲之功一也故少壯之時皆讀其書求其意得其意則嘗以告之人曰是皆可從而不可拒也既告之人又患其

不廣。乃以之爲書。欲其大勸。所著之書。雖積十餘萬言。而名微身晦。不能傳之。欲資之聖賢而相與振之。乃卒無所遇。及其老斃於山谷。弟子輩。恐其書與其師偕沒。固請以刻木。刻已。又請致之士大夫。冀避要名之誚。而不從其請。余自謂之曰。自古至人。皆以救護其教法。獲譏殞身。爲遠大者。又奚恤流俗之譏耶。乃浩然盡發其書。致之搢紳先生之徒。雖未始識者。立使布之其人。況忝閤下一言之察。而閤下高識遠量。素以天下之善而爲意也。而敢不陳之乎。謹以其書一部三册。所謂輔教編者。封題。伏僧致之下執事者。儻辱閤下諭之於人。則其勝緣陰功幽德。當奉大君子同之。天地神明在焉。實聞斯語。塵浼高明。豈勝皇恐之至。不宣。某謹白。

上歐陽侍郎書

月日沙門某謹伏揖。獻書于參政侍郎閤下。某聞昔者李膺以名儒爲天下風教所繫。然其望旣高。天下之士。不可得而輒交。乃目其門曰龍門。今天下之士。指閤下之門。猶龍門也。而閤下之門難升。又過於李膺矣。閤下文章絕出。探經術。辨治亂。評人物。是是非非。必公必當。而天下之士。欲遊閤下之門者。非有此德。焉敢俯仰乎閣下之前。不惟不敢事其俯仰。亦恐其望風結舌。而不敢蹈閣下之閫閾者多矣。若某者。山林幽鄙之人無狀。今以其書奏之天子。因而得幸下風。閣下不卽斥去。引之與語溫然。乃以其讀書爲文而見問。此特大君子與人爲善。誘之欲其至之耳。其放浪世外。務以愚自全。所謂文章經術。辨治亂評人物。固非其所能也。適乃得踐閣下之門。辱閣下雅問。顧平生慚愧。何以副閣下之見待耶。然其自山林來。輒欲以山林之說投下執事者。願賁閣下大政之餘。游思於淸閒之域。又其山林無事得治夫性命之說。復并以其性命之書。進其山林之說。有曰新撰武林山志一卷。其性命之書。有曰輔教編。印者一部三册。謹隨贄獻。塵黷高明。罪無所逃。皇懼之至。不宣。某謹白。

上曾相公書 此書繫次富相後再致之書也

月日沙門某謹獻書于集賢相公閣下。某雖不敏。平生輒以護法勸善爲己任。每求縉紳先生之知圓機。通乎天下之至理者。相與維持。故嘗以其書曰輔教編者。因崔黃臣太博。而貢于下執事者。誠以閣下高識遠覽。知佛博大聖備。爲古之聖人也。欲幸閣下。推而勸之。尚不知其書。果嘗達閤下之聽覽乎。而某今者西來。固欲以其禪書祖圖。願進之天子。至京師日實先欲奉閤下。教其去就可不之宜。而濡滯不能上進。數日前。幸得請於闕者。値客仍門。徒留刺依然而還。然閤下相天下。事固殷矣。恐不暇盡其山林所來之意。輒復書此。幸閤下垂察。然某所來。本以吾佛氏之教。其祖其宗。曖昧不甚明。適抱其書。曰傳法正宗記。十餘萬言。與其所謂定祖圖者。一面欲賴聖明。垂于大藏傳之。以正夫吾教三學佛子。使其萬世。知其所統也。其志止于是矣。匪敢他輩。自爲身名之計。僥倖欲苟所求耳。閤下儻以其誠不謬。教而成之。不惟自幸而已。亦乃天下教門之幸也。干冒台明。而罪無所逭。不宣。某謹白。

謝李太尉啟

月日沙門某。右某六月二十一日。伏蒙特附所賜紫衣牒一道。書一緘。到杭州日。知府唐公見召出山。面付前件勅牒并書。是蓋太尉曲以其無狀。薦論而致此恩賜。某其日。自以其道德虛薄。不宜當天子大貺。再讓。又再讓。雖詞意懇切。而唐公終不容守其素志。又翌日。靈隱大眾發命披之章服。雖奉此大賚而幽陋無謂忝國家美命辱閣下褒薦而實慼且懼矣伏惟太尉才識器韻乃時英豪門閥高華爲帝家至戚猶屈採野老幽人之微善推而贊之預人主之渥澤是不惟樂道人之善抑又忠於國家天下幸甚幸甚如閣下來書曰讀其輔教編之書知其學與存誠有以服人者矣用是言之此亦閣下念其所存之心耳若其有以服人之云豈敢當之然其所操志非欲苟其名榮其身而已矣請益爲閣下言之某始以本敎積衰其徒罕能礪精君子不信小人不敬某故憂吾聖人之道晦昧而天下失其爲善之本所以決志扶

持之耳。其書初成。誠望上達。賴朝廷羣賢君子之盛德。其勸易行。其傳易廣。但其救道之心。如蹈水火。欲人援之。不顧流俗之誚。其誇且衒也。今於道未有所補。勸善無效。而輒忝大惡。亦宜何爲心耶。孟子曰。雖有鎡基。不如待時。今果聖賢之時。幸閤下留意焉。苟吾道益勸。君子益信。小人益敬。資此勝緣。以報聖君之賜。閤下之知。其亦至矣。某禪者。非敢專以文字自喜。蓋資之以傳其道耳。此又幸閤下察之。謹因陸員外行。專上啓布謝。不任感恩皇恐之至。伏惟台慈。俯賜鑒念。不宣。某謹上啓。

鐔津文集卷第九

音釋

閾音域　譾音剪　逭音換　閥音伐　閽音昏　詧音察　贄音執　鎡音兹